Discorso Sobra

La Mascherata

Discorso Sobra

La Mascherata

ISBN/EAN: 9783742832559

Manufactured in Europe, USA, Canada, Australia, Japa

Cover: Foto ©Thomas Meinert / pixelio.de

Manufactured and distributed by brebook publishing software
(www.brebook.com)

Discorso Sobra

La Mascherata

DISCORSO SOPRA
LA MASCHERATA
DELLA GENEOLOGIA
DEGL'IDDEI DE'
Gentili .

Mandata fuori dall'Illustrißimo,& Ec-
cellentiß.S.Duca di Firenze,
& Siena

Il giorno 2 1. di Febbraio
MDLXV.

In Firenze Appresso i Giunti.
MDLXV.
CON LICENZA, ET PRIVILEGIO.

CANZONI DELLA MASCHERATA

Prima Canzone.

L'ALTA, che fino al Ciel *Fama* rimbomba
De la leggiadra SPOSA,
Che'n questa riua herbosa
D'Arno, candida, e pura, alma Colomba
Hoggi lieta sen vola, e dolce posa;
Da la celeste sede ha noi qui tratti,
Perche piu leggiadr'atti,
E bellezza piu vaga, e piu felice
Ueder giamai non lice.

Seconda Canzone.

NE pur la tua festosa
Uista, ò FLORA, e le belle alme
tue Diue,
Traggionne alle tue riue,
Ma il lume, e'l Sol della nouella SPOSA,
Che piu che mai gioiosa
Di suo bel seggio, & freno,
Al gran Tosco Diuin corcasi in seno.

A ij

A bei lidi, che mai caldo nè gielo
Discolora, vegniam · nè vi crediate,
Ch'altrettante beate
Schiere, & Sante non habbia il Mondo, e'l Cielo:
Ma vostro terren velo
Et lor souerchio lume
Questo, & quel vi contende amico nume.

Quarta Canzone.

A quanti il Cielo, ha quanti
Iddij la terra, & l'onda al parer vostro,
Ma DIO vero è quell'un, che'l sommo chiostro
Alberga in mezo à mille Angeli santi,
A cui sol giunte auanti
Posan le pellegrine,
Et stanch'anime alfine, alfin del giorno,
Tutto allegrando il Ciel del suo ritorno.

LA MASCHERATA
DELLA GENEOLOGIA
DEGL' IDDEI DE'
GENTILI.

Carro primo di Demogorgone

PERCHE la Mascherata, che
andò fuori gli XXI. di di Fe
braio del LXV. fu táto varia
& tanto copiosa di figure,
ch'e' potrebbe essere ageuol
mente, che in quel tempo,
che ella durò a andar fuori la
non fusse cosi compresa da
ognuno, & per questo forse
da qualcun' biasimata : per
ciò io non credo, che e'sia per esser tenuto fuor di propo
sito il render ragione in questo discorso dell'intendimé
to di chi la mandò fuori : delle figure, che vi furon' den
tro, & degli habiti, & ordine loro. Dico adunque, che
il fine dell'Autore, fu di finger la genealogia de'principa
li Dei de'Gentili, & mettergli in su i Carri, come per lo
ro maggior maestà vsoron' di far' gli antichi, & per mo
strare ancora in questo modo il veloce corso de'corpi ce
lesti, & il variar degli elementi, di che essi son cagione; la
onde eglino faceuano le ruote de'lor Carri di otto razzi,
p dimostrare le sette Sphere de i Pianeti, & l'ottaua Sphe
ra delle stelle fisse, si come auuertisce il Pierio ne'suoi Hie
rogliphici degli Egittij, dal mouimento dellequali nascò

rare i Carri di queſt' Iddei, da quegli animali, che da'Gētili furono (per quelle ragioni, che diſotto ſi diranno) aſ-
ſegnati loro. Dette ancora a i Carri diſopradetti, quella
compagnia, che parue piu conueneuole alla natura di
quegli Iddei, che vi erano ſu. Hor, perche tutti queſti Id
dij degli antichi furono ò i quattro elementi conſiderati
diuerſamente, ò huomini, che per benifizij fatti alla gene
ratione humana furono fatti Iddij, & per cōſeguente tut
ti hebbero principio, & non eſſendo cōuencuole meſco
lare in queſte fauole Iddio ottimo, & grandiſsimo, primo, vero, & ſolo principio d'ogni coſa, & da cui dipende
il Cielo, & la natura, perciò fu neceſſario all'Autore met
ter per principio di queſti falſi, & bugiardi Iddei vno di
quegli, che fu meſſo da'Gentili, ò da chi ne ſcriſſe ſecōdo
l'oppenion' loro. Furono adūque i principij di tutti gl'
Iddei de'Gentili duoi, l'uno de'quali fu il Chaos poſto p̄
principio loro da Heſio. nella ſua Theogonia, et da Oui
dio nel primo libro delle transformationi : l'altro fu Demogorgone inſieme con la Eternità, e con il Chaos ſuoi
compagni poſti per primi principij di tutti gl'Iddei da
M. Giouanni Boccaccio nel primo libro della Geneologia degl'Iddei de'Gentili, ilquale rendendo la ragione, p̄
che gli antichi Gentili haueſſero piu Iddei dice, che la ca
gion'fu queſta, che'philoſophāti nel render'ragione de i
pricipij delle coſe naturali portarono diuerſe oppenioni
& fu qualcūn'di lor', che diſſe : che il primo principiō
di tutto queſto vniuerſo fu l'acqua, ſi come fu Thalete,
Mileſio: altri diſſero l'aria, ſi come fu Anaximandro: altri
il fuoco, ſi come fu Heraclito Epheſio, & ciaſchedū di lo
ro magnificaua, & innalzaua quanto ei poteua quell' E-
lemento, che egli credeua, che fuſſe principio d'ogni coſa, perche le genti allhora roze cominciarono ad adorare
come Iddei chi vno, & chi altro di quegli elementi, ch'e-
glino

glino fentiuono lodar tanto da coloro, che e' credeuano
che fuffer faui, fi comeeglino erano in fatto:&fe bene(co
me afferma Ariftotile nel primo libro dell'Anima)é non
fu mai alcű phlofopho, che poneffe per primo principio
d'lle cofe naturali la terra, nódimeno ella fu dagli antichi
Theologi molto magnificata: perche Hefiodo fcriue nel
la Theogonia, che la terra è fermo fondaméto di tutti gl'
Iddei del cielo,& dell'Abiffo, & che ella fola da feftefla,
primieramente partorì il cielo, che copriffe ogni cofa,&
& generò i móti grati alberghi alle nimphe;& il maré fte
rile, & tépeftofo; & Orpheo ne i fuoi Hymni gli dice;
Terra madre de' beati, & degli huomini mortali, & fu an
còra antichiffima oppenione degli Arcadi, che in quella
fuffe vna diuina virtù, chiamata DEMOGORGONE, il·
quale haueffe da prima fatto, & hora conferuaffe tutte le
cofe naturali,& quefto fu da loro primieramente ador▸
iò,come primo prinċipio d'ogni cofa;& come quello da
ċui dipendeffe il tutto.& quefta oppénione, che gl'Iddij
fuffero piu che vno, fu ancor accrefciuta da' Poeti, iquali
lodando affai chi vno, & chi altri, fecion credere al mon▸
do, che quegli ch'e' lodauano tanto, fuffero piu che huo▸
mini;& per confeguéte ò Heroi, ò Dei, et che eglino do
po là morte loro fuffero iti in cielo, & diuenuti chi vna
ftella,& chi altra, di quelle che,ò per mouimento, ò per
grandezza, ò per qualità di lume fuffero piu da confide▸
rare, che l'altre, la onde vna fu chiamata GIOVE, & l'al▸
tra MARTE, & cofi a chi fu pofto vn nome; & a chi al▸
·tro, & poi adorate, et táto crebbe quefto errore, che nó
folamente furono dagli antichi Gétili adorati que gl'huo
mini, che haueuano fatte operationi grandi, & virtuofe,
ma le fteffe virtu ancora, p le quali efsi haueuano fatte ql
le óperationi, perche appreffo di loro fi vèdeuan dedicati
tempij alla fortezza, alla fede, alla cleméza, et all'altre vir
tù,& non folamente furono da loro adorate le virtu, &
gli huomini virtuofi; ma veggédo eglino, che in quefto

vniuerſo ſon di molti mali drizzarono tempij etiamdio
ai mali, & gli adorarono; onde furono da quegli adorati
la Calunnia, la Febbre, il Timore, la Inuidia, & altri vitij
& mali, accioche eglino non noceſſero loro. Hauendo
adunque (ſi come è detto) tutti queſti Iddij degli antichi
Gentili, & buoni, & cattiui vn de' duoi principij, cioè il
Chaos, ò Demogorgone, parue allo Authore molto meglio appigliarſi a Demogorgone, che al Chaos, ſi come a
principio chiaro, diſtinto, ordinato, & piu ageuole a fingerlo, che il Chaos, et ancora, percioche chi diſſe che De
mogorgone era ſtato adorato come principio di tutti gli
Iddei, gli aſſegnò per compagni la Eternità, & il Chaos
quella per dimoſtrare, che egli non haueua principio alcuno, queſto come materia, della quale egli haueſſe da
prima fatto, & hora continuamente faceſſe tutte le coſe.
Queſti adunque meſſe l'Autore in ſu vn Carro fatto come vna ſpelonca, tirata da quattro Draghi : perciochefu
rono queſti animali appreſſo gli Egittij, e i Fenici in grã
diſſima veneratione, & ſtimati quaſi diuini per la prudē-
za, per la velocità, & preſtezza loro, & perche eglino põ
gono giu ogni anno inſieme con lo ſcoglio, la loro vecchiaia, come ſcriue Euſebio Ceſarienſe nel primo libro
della preparatione euangelica, perche e' parè che ei ſiano
di lor natura immortali, onde nelle medaglie antiche ſi
veggono molte immagini degli Iddij ornate di Serpēti.
Eſſendo adúque meſſo Demogorgone per primo principio di tutti gl'Iddei degli antichi Gentili, parue conue
neuole far tirare il carro ſuo da quegli animali, che haueſ
ſer piu ſomiglianza con la diuinità, che non hanno gli al
tri. Finſe lui vecchio, pallido, accerchiato da piu nebbie
ſcure, & tutto muffato, pigliando la ſua deſcrizzione dal
primo libro della Geneologia degl'Iddei de' Gētili di M.
Gio. Boccaccio, il quale lo finge vecchio, per dimoſtra
re che egli fu il primo, che dagli antichi fuſſe adorato, ſe
cclo muffato, pallido, & accerchiato da ſcure nebbie, ſi co

me

me è detto, volendo significare in questo modo, che egli
non era altro che vna forza, e vna diuina natura nascosta
nella terra, laquale fusse cognosciuta da pochi, & che per
maggiore riueréza sua non si douesse nominare da alcu
no, messegli appresso l'Eternità; laqual'egli figurò vna fe
mina giouane, & vestita di verde, per dimostrare, che ella
non era sottoposta al tempo, ne consumata da lui, messe
la à sedere in su vna sedia, con vn'hasta nella man manca
fitta in terra, & che con la man dritta porgesse vn genio:
percioche in questo modo si vede ella scolpita in vna me
daglia antica, intitolata cosi. CLOD. SEPT. ALE. AVG.
oltre a di questo gli pose in capo vn Basilisco d'oro: pcio
che questo animale era posto dagli Egittij per la Eterni.
tà: conciosia che egli non possa esser morto da animale al
cuno, si come dice Horo Egittio ne i suoi Hieroglifici, et
finselo d'oro: percioche questo metallo patisce meno dal
fuoco, e da ogni altra maniera di corrottione, che alcuno
altro metallo, messela nella spelóca disopradetta, si come
ancora la mette M. Giouá Boccaccio, nel luogo di sopra
allegato, la descrizione della quale egli cauò del secondo
lib. di Claudiano delle laudi di Stillicone, doue egli dice
Est ignota procul nostraque imperuia menti,
Et quel che segue. & dalla man manca della Eternità fin
se il Chaos, il quale egli figurò in quel modo, che lo de
scriue Ouidio nel primo libro delle Trasformationi, quá
do egli dice.
Vnus erat toto naturæ vultus in orbe,
Quem dixere Chaos rudis indigestaque moles.
& quel che segue. Et appresso a queste tre figure mes
se la terra, con alberi, & altre piante, si come quella, che
se bene è posta da M. Giouan Boccaccio nel luogo detto
disopra, per l'ottaua figliuola di Demogorgone, è nondi
meno la prima, laquale egli dice, che hauesse figliuoli, i
quali l'Autore dette poi in compagnia à questo Carro,
cóe di sotto si dira: & dall'altro lato della spelóca, messe lo

B

Herebo vltimo de i figliuoli di Demogorgone; percioche di lui nacquero, fecondo che feriuono Hefiodo nella
fua Theogonia, & M. Giouan Boccaccio nel luogo difo
pra detto, affai figliuoli, & lo defcriffe in quel modo, che
lo defcriue Phornuto comentatore d'Homero, cioè vna
fpilonca piu tenebrofa, piu ofcura, & piu profonda, che
fi può; & appreffo a quefte due cofe dal lato dritto del
Carro, meffe la Notte, prima figliuola della terra, fecondo, che fcriue M. Giouan Boccaccio, nel primo libro del
la geneologia degl'Iddei, laqual egli figurò in quella ma
niera, che la defcriue Paufania nel quinto libro della Gre
cia, cioè vna donna veftita di nero, che nel braccio manco
haueffe vn fanciullo bianco, & nel braccio deftro vn fanciullo nero có i piedi torti, che tutti et duoi dormiffino,
& quefta meffe egli in ful Carro per effere ella la prima
figliuola della terra, & madre dell'Ethere, dal quale di-
fcendon poi fuccefsiuamente l'un dopo l'altro tutti quá-
ti gli altr'Iddei; & da l'altro lato del carro meffe lo Ethere
figliuolo dell'Herebo, & della Notte, come fcriue Marco Tullio nel terzo libro della Natura degl'Iddei, il quale egli figurò vn giouane rifplendente, che nella má drit
ta haueffe vna palla turchina, in fu la quale fuffero due a-
li di Falcone, vn Sole, & vna luna, feguitando in quefto
l'oppenione d'Anaxagora, il quale diffe; come rifferifce
Ariftotile nel primo libro del Cielo, che gli antichi chiamarono il cielo ETHERE da αιθειν che vuol dire arde-
re, & rifplendere: percioche i corpi celefti rifplendono,
& fon rilucenti, come le cofe che ardono; onde molti dif
fero, che il pricipio loro era il fuoco, fi come rifferifce M.
Tullio nel fecondo libro, & nel terzo della natura degl'
Iddei. & tra quefti fu ancora Ouidio, il quale nel primo li
bro delle Transformationi diffe.

Ignea connexi uis et fine pondere cæli,
Emicuit, summaque locum sibi legit in arce
Et poco difotto dice.

Hæc super impoſuit liquidum, & grauitate carentem,
Aethera nec quicquam terrenæ fecis habentem

Et quel che ſegue. Douendo adunque l'Authore fingere queſta qualità de i corpi celeſti riputata da molti loro
principio, ſi come è detto, finſe vn giouane, che riſplen-
deſſe, per dimoſtrare che egli nõ è ſotto poſto al tempo,
& gli meſſe in mano la palla detta diſopra, in ſu la quale
fuſſe vn Sole, & vna Luna, ſi come a principio del Cielo,
& delle ſtelle, ilquale, come riferiſce Phornuto era figura
to dagli antichi per la palla diſopradetta, alla quale l'Authore aggiunſe le due ali di Falcone, per dimoſtrare la ve
locità del girare de i corpi celeſti, percioche il Falcone ol
tre al volar velocemente s'innalza girando, & facendo in
aria nel volare vna figura tonda, come vna colonna, perche è pare che il volar ſuo ſia ſimigliante al mouimento
del cielo. Dette poi per compagnia al carro diſopradetto
primieramente la Diſcordia, prima figliuola di Demogorgone, per la quale egli teneua ſeparate tutte queſte
coſe dell'vniuerſo l'una dall'altra, come riferiſce M. Gio
uan Boccaccio nel primo libro della geneologia degl' Id
dei, & la figurò in quel modo che ella è deſcritta da Virgilio nel ſeſto libro della ſua Eneide, quando egli dice.

Et diſcordia demens, Vipereum crinem vittis innexa cruētis
Et nell' ottau' libro pur dell'Eneide, quando egli dice,

Et ſciſſa gaudens vadit diſcordia palla,
A queſta aggiunſe poi le tre Parche, lequali, ſi come riſe
riſce Marco Tullio nel terzo libro della natura degl' Iddei ſuron figliuole dell'Herebo, & della Notte; & ſe bene molti le hanno figurate in diuerſi modi, non di meno
quella deſcrizzione, che di loro fa Catullo nello Epithalamio di Peleo, & di Tethide, gli parue piu chiara, piu va
ga, & piu bella, che alcuna altra, quando egli dice,

Cum interea infirmo quatientes corpora motu,   Et quel
che ſegue. & a queſte fece filare fila d'argento, & fila tanè, ſignificando per quelle le buone, & per queſte le cat-

tiue forti degli huomini, che tutte dipendon da loro, onde Martiale ne' fuoi Epigrammi dice,

Si mihi lanificæ ducunt non pulla forores, ftamina ,

Et quel che fegue. & dopo a quefte, mefle Polo fefto figliuolo di Demogorgone, del quale M. Giouanni difo-
pradetto, recita quefta fauola nel primo libro della Geneologia degl'Iddei, che Demogorgone formò di fango
vna picciola palla, & la chiamò POLO : quefta volò in al
to, & eflendo ancor tenera, & frefca, fi diftefe di maniera
che abbracciò tutto quel'che in fino all'hora haueua fatto
Demogorgone fuo padre, & non hauendo ancora ador-
namento alcuno ftando appreflo al padre, che di fuoco
fabbricaua la luce, prefe tutte quelle fauille, che fauilla-
uon'dal fuoco, mentre che Demogorgone lo lauoraua,
& ne adornò la cafa fua, perche l'Autore lo finfe vn giouane veftito di turchino con vna palla di terra in mano,
& vn vafo, che gettafle fuori di molte fauille, & doppo a
quefti mefe Phytone fettimo figliuolo di Demogorgone, ilquale dice il medefimo M. Gio. Boccaccio nel' luogo allegato difopra, che egli fece, cofi : cauò de' monti A-
croceraunij vna gran mafla affocata, & la tondò có le for
bici, & nel monte Caucafo l'aflodò con il martello, dipoi
la portò di là dalla Traprobana, & quiui la tuffò fei volte
nell'acqua, & altre fei fiate la girò per l'aria, accioche ella
fufle immortale, & deftra : perche ella fe ne volò in alto
in cafa di Polo fuo fratello, & la riempiè di fplendore : p-
la qual cofa l'Autore lo finfe vn giouane veftito di giallo
che rifplendefle con vna mafla in mano affocata, & a ģfti,
aggiunfe la 'nuidia figliuola dell'Herebo, & della notte,
fi come dice Marco Tullio nel luogo allegato difopra, la
defcrizzion della quale egli cauò del fecondo libro delle
Trafformationi di Ouidio, quando egli dice,

Pallor in ore fedet macies in corpore toto.

Et quel che fegue. & dopo la 'nuidia mefe il Timore, figliuolo dell'Herebo, & della Notte, fi come dice M. Tul-
                                                          lo

lio nel terzo lib. della natura degl'Iddei, il qual'e finse vn
vecchio pallido; percioche la paura fa l'huomo di colore scialbo, & lo figurò vecchio, per efser loro naturalmē-
te piu timidi, che i giouani, & lo vesti d'una pelle di Ceruio, di maniera che il teschio del Ceruio sacesse l'accócia-
tura del capo : percioche il Ceruio è animal timidissimo,
& messe intorno agli occhi della testa del Ceruio di molte penne rosse: percioche il Ceruio veggendole le teme,
tanto, che mettendole nella strada, per la quale egli fug-
ge ferma il corso suo, & si aggira in quà, & in là tanto che
spesse fiate resta preso; la onde Virgilio nel dodicesimo
libro della sua Eneide dice.

Inclusum veluti si quando flumine naclus,
Ceruum aut puniceæ septum formidine pennæ

Et quel che segue, & nel terzo della georgica parlãdo
dello esser de'Cerui la vernata, in Scythia, scriue.

Hos non inmissis canibus non cassibus vllis,
Puniceæ ve agitant pauidos formidine pennæ,

Et quel che segue, dopo questo sece venire la Pertinacia,
figliuola dell'Herebo, & della Notte, come dice M. Tullio nel terzo libro della natura degl'Iddei, la quale egli
finse vna femmina vestita di nero: percioche questo colore, significa fermezza, stabilità, & ignoranza, la quale
sempre è cagione della pertinàcia, & per questa medesima cagione gli messe in capo vn dado di piombo: percioche il dado si muoue malageuolmente, & il piombo da
molti si pone per la ignoranza, perche Terétio nella prima scena del quinto atto dell'Heautótimorumenos dice.

In me quid vis harum rerum conuerit, quæ sunt diCla in Stul-
tum, Caudex, stipes, asinus, plumbeus.

Et quel che segue, aggiunsegli di piu vn'hellera abbarbi-
catagli addosso, per dimostrare che le oppenioni degli o-
stinati non sono altrimenti serme negli animi loro, che si
sia l'hellera in quelle cose allequali ella si abbarbica. Finse di poi la Pouertà nona figliuola dell'Herebo, & della

Notte

Notte, sì come scriue M. Giouan Boccaccio nel primo li
bro della geneologia degl'Iddei, vna semmina pallida, fu
riosa, & vestita di nero; sì come la descriue Aristophane
comico antico nella comedia intitolata Pluto, oltre a que
sti finse la Fame vndicesima figliuola dell'Herebo, & del
la notte, come riferisce il medesimo M. Giouan Boccaccio nel luogo allegato di sopra, & cauò la descrizzion sua
da Ouidio nello ottauo libro delle Trasformationi, do-
ne egli dice.

Quæsitam que famem lapidoso uidit in agro,
Vnguibus, & raris vellentem dentibus herbas.

Et quel che segue, & gli aggiunse in mano il mōte Cou-
caso, là doue il medesimo authore scriue, che ella habita:
dipoi finse la Querela, òvero il Rammarichio figliuolo
pur dell'Herebo, & della Notte, come scriue il medesimo M. Tullio nel luogo allegato di sopra. & questa figurò vna semmina vestita di tanè; percioche gli antichi ne
mortorij, & nelle altre auuersità loro si vestiuan di quel
colore; & in capo gli messe vna Passera solitaria, vccello,
che ha il canto maninconoso, & egli ancora è mesto, &
solitario. Appresso à questa sece venire la ìsermità dodi-
cesima figliuola dell'Herebo, & della Notte, sì come scri
ue M. Giouan Boccaccio nel luogo di sopra detto, & que
sta figurò vna semmina pallida, & magra con vn ramo di
Anemone in mano, & vna grillanda del medesimo in capo: percioche, come scriue Horo Egiptio ne i suoi hiero
gliphici, gli antichi Egiptij, per questa herba significaua
no la malattia. Messe poi la vecchiaia figliuola medesima
mente dell'Herebo, & della Notte, come scriue M. Tullio nel luogo allegato di sopra, & la figurò vna donna vec
chia canuta, & vestita di nero semplicemente con vn ramo di Senecio in mano: percioche i fiori di ūsta herba son
di color pallido, & subitamēte nella lor piu alta parte di
uētano canuti, & presto caggiono. Finse oltre a di questi
l'Hydra, & la Sphinge messe da Hesiodo nella Theogo-

nia,

nia, come figliuolo del Tartaro figliuola del Chaos, & le
figurò in quel modo che comunemente son finte da tut
ti gli altri, è vero che fingendosi l'Hydra da Pausania nel
secondo libro della Grecia con vn capo solo, & da Virgi
lio nel 6. dell'Eneide con cinquanta, quando egli dice,

Quinquaginta atris immanis hyatibus hydra

Et quel che segue, & da Alceo Poeta Greco con noue,
prese la descrizzione di Alceo, come quella, che faceua l'
Hydra differente da gli altri Serpenti, & che piu ageuol
mente si poteua fare, che cō cinquāta. & di poi mette la Li
cenza, la quale Hesiodo nel luogo di sopra detto, & Mar
co Tullio nel luogo allegato di sopra dissero, ch'è figliuo
la dello Herebo, & della Notte, & la finse vna semi nuda i-
gnuda, scapigliata, & abocca aperta con vna grillanda
di vite in capo: perciochè il vino fa gli huomini liberi, &
licentiosi. Seguitò poi la bugia figliuola dell'Herebo, &
della Notte, come dicono i medesimi scrittori allegati di
sopra, & questa figurò l'Authore vna femina rinuolta,
& coperta nell'habito suo quanto fu possibile, & la vesti
dinanzi di bianco: perciochè gli huomini bugiardi primieramente dicono qualche verità per nasconderui sotto la bugia, & di dietro la vesti di nero, per quella senten
za di Trihyphone Gramatico Greco, laquale diceua, che
le bugie hanno la coda nera, & per questa medesima cagione gli messe in capo vna Gaza, & in mano vna Seppia
pesce: perciochè la Seppia quādo si sente presa, māda fuo
ri dalla coda vno humore nero, & vi si nascondo dentro,
& a quel modo suggendosi ingāna il pescatore. Finse
di poi il Pensiero: perciochè Virgilio nel sesto libro dell-
Eneide mette i pensieri allo entrare dell'Herebo quando
egli dice.

Vestibulum ante ipsum primisque in faucibus orci,
Luctus & Vltrices posuere cubilia curæ.

Et quel che segue; & so finse vn vecchio vestito di nero
con vna acconciatura in capo piena di noccioli di pesche

omnib   con

con il guscio: percioche così è l'anima lacerata, & diuisa
da' pensieri in varie parti, come il guscio del nocciolo del
la pesca è diuiso da tanti, & si varij canali, quanti la natura vi ha formati su, come bene auertisce il Pierio ne' suoi
Hierogliphici, & gli empiè oltre a di questo tutta la persona di spine, che con la pũta sufsino volte in verso il petto, & in verso il resto del corpo: percioche non altrimẽ-
ti pungono, & tormentano i pensieri l'animo dell'huomo, che i pruni il corpo. Finse di poi Momo Dio del biasi
mo, & delle riprensioni, il quale Hesiodo nella Theogonia dice, che è figliuolo della Notte, & questi figurò va
vecchio secco, a bocca aperta, pallido, & chinato a terra;
e che con vn bastone in mano pcotesse spesso la terra, nel
qual modo egli è figurato nel quarto libro degli Epigrã
mi Greci in tre epigrammi; aggiunse a questi Tagete figliuolo della terra primo ritrouatore della Aruspicina, ò
vero arte dello indouinare, per l'interiora degli animali,
il quale M. Tullio nel secondo libro di Diuinatione dice,
che è nacque della terra, nel paese di Tarquinia, città di
Toscana, & fu fanciullo, ma di grandisima prudenza, p
che l'Autore lo finse vn putto vestito di tane, che è il color della terra, di cui egli fu figliuolo, sicome è detto, ma
che risplendesse per il cognoscimento, che egli hebbe del
le cose a venire, & gli dette in collo vno agnel bianco spa
rato, si che mostrasse l'interiora, come a primo ritrouato
re dell'arte disopra detta, dipoi messe Anteo figliuolo dl
la terra, come scriue M. Giouan Boccaccio nel primo libro della Geneologia degl'Iddei. & questi figurò l'Auto
re vn Gigante moro con vna benda bianca intorno al ca
po, & in braccio gli dette vn grandisimo scudo alla antica coperto di vna pelle di Elephante, & nell'altra mano
vn dardo; percioche Pomponio Mela nel primo libro, &
nel terzo della sua Cosmographia dice, che egli fu Re del
la ultima parte della Mauritania Tingirana, & che quiui
ancora dagli habitatori di quel paese si mostraua vn grã-
                                                    disimo

dilsimo feudo coperto della pelle di fopra detta , il quale
niuno degli huomini di quel tempo poteua portare , &
quefto diceuano, che era ftato di Anteo; ma per effere i
dardi arme vfate affai da i Mori, onde Horatio nel primo
libro dell'Ode dice.

Non egit mauri iaculis, nec arcu

& quel che fegue : perciò l'Authore gli dette nella man'
deftra il dardo . Dopo a Anteo venne il Giorno figliuolo dell'Herebo, & della Notte, fi come fcriue M. Tullio
nel terzo libro della natura degl'Iddei, & quefto finfe vn
giouane veftito di bianco, che rifplendeffe , & coronato
di ornithogalo, ilquale è vn fior bianco, che fi comincia a
aprire, quando il Sole fi leua, & fi chiude quando egli tra
monta, fi come il giorno fi apre , & comincia ancor egli
alleuar'del Sole, & fi chiude, & finifce quando egli va fot
to, & di piu gli dette in mano vn Pagone con la coda baf
fa, & chiufa di maniera, che copriffe tutti gli occhi; pcio
che il giorno, il Sole cuopre il lume di tutte le ftelle , che
fi veggon la notte, come le penne della coda del Pagone
quãdo ella è chiufa cuopre gli occhi, che fi veggono quã
do egli fa la ruota, come le ftelle la notte . Meffe dipoi la
Fatica figliuola dell'Herebo, & della Notte, come fcriue
M. Tullio nel luogo di fopra detto , & quella figurò vna
femmina gagliarda, veftita di vna pelle d'Afino, di manie
ra, che la tefta dell'afino faceffe l'acconciatura del capo: p
cioche quefto animale è nato alla fatica, & a portare i pefi
& alla acconciatura del capo aggiunfe due ali di Grù, &
in mano gli diede duoi piedi pur di Grù: perciache era
antica oppenione, che chi haueffe addoffo i nerui delle
ali, & de i piedi di Gru duraffe ogni fatica fenza ftraccarfi
mai, fi come auuertifce il Pierio ne i fuoi hieregliphici,
vltimamente fece venire il giuramento, il quale Hefiodo
fcriue nella fua Theogonia, che è figliuolo della notte, &
quefto finfe vn vecchio in habito di facerdote per dimoftrare l'antichità fua, & che egli è cofa facra, &gli dette in

C

mano vna figura di vn Gioue spauétoso in vista có duoi
folgori in mano : percioche Pausania negli Eliaci scriue
che Gioue Horcio, cioè vendicator' de i giuramenti appresso a i Greci era figurato nella maniera disopra detta;
& questa compagnia Giudicò l'Authore, che fusse baste
uole al primo carro della Mascherata, in sul quale erano
si come è detto, i primi principij di tutti gl'Iddei degli
antichi Gentili.

Secondo Carro di Cielo.

DO PO questo carro l'Authore fece venir
quel di CIELO figliuolo dell'Ethere
& del Giorno, si come scriue M. Tullio nel terzo libro della natura degl' Id
dei, il quale egli adornò delle dipinture di sette sauole di Cielo, le quali furó
queste. La prima quando Cielo nasce della terra, la secóda fu quando egli rinchiude tutti i suoi figliuoli nelle ca
uerne della terra, acciocheeglino non vegghin'la luce. la
terza fu quando la terra raguna tutti i suoi figliuoli, & di
Cielo, & gli conforta a gastigar'lor' padre, che gli ha messi nelle cauerne, & spelonche della terra, si che ei nó veg
ghin'lume. La quarta fu quando delle gocciole del sangue della natura, che gli haueua tagliata Saturno nascon'
le furie, & i giganti, & della schiuma che ella fece in mare doue Saturno l'haueua gettata nacque Venere. La quí
ta fu quando egli grida a i Titani, & dice loro, che hanno fatta vna grande sceleratezza a lasciargli tagliar'la natura a Saturno. La sesta fu quando egli si congiugne con
la terra, & genera Cotto, Briarèo, & Gyge, che haueuano cento mani, & cinquanta capi per vno, & i Ciclopi,
che haueuano solamente vn'occhio per vno nel mezzo
della fronte, le quali tutte son'recitate da Hesiodo nella
Theogonia. L'ultima fu quando gli Atlantidi lo adora-
no

no , & gli drizzano tempij, & altari, si come scriue Eusebio Cesariense nel secondo lib. della preparatione Euãgelica, & se bene nel principio di questo capitolo si è detto, che Cielo fu figliuolo dell'Ethere , & del Giorno . & poco disotto si è detto, che il Carro suo fu adorno tra l'altre della dipintura di quella fauola, quando egli nasce del la terra, non è incõueniente alcuno in queste fauole, quã do duoi scrittori scriuono di vna cosa diuersamente , in vn luogo seguitare l'oppenione d'vn di loro,& nell'altro quella dell'altro, si come ha fatto l'Authore qui che nell' ordinar la mascherata ha seguitato la sentenza di M. Tullio,& di M. Giouan Boccaccio, iquali dicono , che Cielo fu figliuolo dell'Ethere, & del Giorno , & nell'adornar poi il carro suo seguitò il detto d'Hesiodo, il qual dice che Cielo nacque della terra,& se pur ei fusse qualcuno ; che voleße accordar queste due oppenioni insieme, potrebbe dire che Cielo fu figliuolo dell'Ethere, & del Giorno quanto alla luce,& alla forma sur,& della terra, in quan toal corpo,& alla resistenza, che egli ha che son materia della sua forma. Questo carro adunque ornato di queste sette dipinture, fu tirato dall'Orsa maggiore, & dall'Orsa minore, quella adorna di venti vna stella , & questa di sette: percioche tante son quelle stelle, che le compongono, & sanno il nostro polo, si come dice Iginio nel terzo libro delle stelle,& sopra questo medesimo carro fu mes sa vna palla celeste, insu la quale eran dipinte tutte le qua rãtotto imagini del Cielo,& in su questa palla era vn gio uine vestito di turchino, che risplendeua,& haueua la ve ste tutta piena di stelle,& in capo vna grillanda di zaphiri,& in mano vn'vaso, nel quale era vna fiamma di suoco, in mezzo alla quale era vn cuore, che non ardeua , & la cagione perche egli fingeße Cielo giouine, fu p dimostrare, che gli antichi credettero, che egli fusse vn'Iddio, & per conseguente non sottoposto al tempo, ne consumato da lui ; fece vestirlo di turchino, & gli empiè la ve-

C ij

ste di stelle,& coronollo di zaphiri: perciochela ottaua
sphera di cui gli antichi credettero,che egli fusse Iddio, è
tutta piena di stelle,&del color'del zaphiro,&il uaso che
egli gli fece mettere in mano, fu perciohe, come scriue
Plutarco nel lib.d'Iside,& Osiride gli antichi per questa
figura,voleuon'significare che nel Cielo,ne la'ntelligen
za, & anima sua era sottoposti a corrottione alcuna
si come il cuore,che è la principal sedia dell'anima, non
era consumato da quella fiamma,in mezzo allaquale egli
era posto. In compagnia poi di questo carro, messe primieramente Atlante,ilquale, si come scriue Hesiodo nel
la Theogonia,regge con le spalle il cielo. & questi figurò
l'Authore vn vecchio moro,con vna benda bianca intor
no al capo,per dimostrare in quel modo l'antichità sua,
& il paese del quale egli fu Re, & gli messe in mano vna
palla turchina piena di stelle per significare in quella ma
niera,che egli sosteneua il Cielo,lequali cose tutte egli ca
uò del quarto libro delle transformationi d'Ouidio quãdo egli scriue.

Hic hominum cunctis ingenti corpore præstans,
Iapetionides Atlas fuit : vltima tellus,
Rege sub hoc & pontus erat qui sobs anhelis.

& quel che segue. & poco disotto dice:

Creuit in immensum (sic dys statuistis) & omne,
Cum tot syderibus cœlum requieuit in illo,

& dopo a questi finse Hyade figliuol d'Atlante,vn bellis
simo giouane cacciatore,si come scriue il medesimo O-
uidio nel quinto libro de'Fasti,quando ei dice.

Non dum stabat Atlas humeros oneratus olympo,
Cum satus est forma conspiciendus hyas.

Et poco disotto scriue.

Dum noua lanugo est pauidos formidine Ceruos,
Terret & est illi præda benigna lepus,

Et quel che segue. dopo a hyade l'Autore messe le sette
hyade sue sorelle, delle quali egli ne finse cinque vestite
d'oro

d'oro con vna acconciatura in capo, che vi era fu vna teſta di Toro,& due ne finſe veſtite di bigio chiaro: percio
che di queſte ſette ſtelle, che tutte ſono nella frôte del To
ro ſegno celeſte, due ve ne ſono ſcure, & cinque chiare,
& manifeſte, ſi come ſcriue Iginio nel ſecondo libro delle ſtelle. Appreſſo à queſte furon meſſe le ſette Pleiade ſi
gliuole pur di Atlante, delle quali egli ne figurò ſei veſti
te dinanzi d'oro, & di dietro di bianco, & vna veſtita di
bigio chiaro, per la medeſima ragione, che diſopra s'è det
ta,& fece a ciaſcheduna di loro vna acconciatura di capo,
che dalla parte dinanzi hauea di molte ſpighe,& dalla par
te di dietro aſſai neue,& ghiaccio: percioche Iginio ſcriue nel luogo diſopra detto, che quando queſte ſtelle ſi le
uono ne vien la ſtate,& quando le uanno ſotto ne viene
il verno, perche egli anche le veſti dinanzi d'oro,& di die
tro di bianco, com e ſi è detto. Dopo a queſte meſſe Titano figliuol di Cielo,& fratel di Saturno, del quale M. Gio
uan Boccaccio nel quarto libro della Geneologia degl'-
Iddei ſcriue queſta fauola, che eſſendo egli di piu età, che
non era Saturno, chiedeua il regno di Cielo lor padre, la
madre,& le ſorelle : percioche egli era di brutto aſpetto
perſuaſero à Saturno, che non cedeſſe al fratello, onde e-
gli vedute le forze di Saturno,& la volontà della madre,
& delle ſorelle, fu contento, che Saturno regnaſſe cô que
ſta conditione però, che ſe egli haueſſe figliuoli maſchi
non ne alleuaſſe niuno; ma tutti gli vccideſſe, accioche
il regno ritornaſſe poi a i figliuoli di Titano, perche l'au
thore finſe Titano vn vecchio brutto, per dimoſtrare l'
antichità ſua,& accomodarſi alla fauola ſcritta da M. Gio.
Bocc. nel luogo diſopra detto. Dopo a Titano vêne Iape
to ſuo figliuolo, il quale l'Authore finſe vn'huomo d'aſpetto fiero,& ardito, ſi come furono tutti i Titani,& dop
po lui meſſe Prometheo ſuo figliuolo, ſi come afferma
Ouidio nel primo libro delle Transformationi, quando
egli dice.

Siue

Siue recens tellus seductaque nuper ab alto,
Aethere cognati retinebat semina Cæli,
Quam satus Iapeto mixtam fluuialibus vndis,
Finxit in effigiem moderant am cuncta deorum.

Et quel che segue. per la qual cosa l'Authore lo figurò
vn'huomo di aspetto graue, & venerando con vna piccola statua di terra in vna mano, & nell'altra vna sacelli-
na di suoco accesa:percioche egli rubò il suoco a Gioue,
che egli haueua tolto a i mortali,si cóe dice Hesiodo nella Theogonia. Dopo Prometheo vennero duoi Atlantidi perchioche da questi popoli fu primieramente adorato
Cielo, & fu lor'Re,si come scriue Eusebio disopra detto,
nel secondo libro della preparatione Euangelica, & que
sti vestì l'Authore alla moresca,& messe loro in capo per
acconciatura vna testa d'Elephante per vno,si per dimostrare in quel modo il paese, onde egli erano, nel quale
gli Elephanti nascono,si ancora per mostrare la religion
loro:percioche l'Elephante solo di tutti gli animali senza ragione,è religioso,& adora il Sole,&la Luna,si come
riserisce Plinio nell'ottauo libro del'Historia naturale, &
per dimostrare ancor meglio la religion'di questi Atlantidi,messe loro in mano il Simpullo, la Mappa, la
Dolobra,& l'Acerra,cose le quali gli antichi
vsauano ne i lor'sacrificij. Et questo
quanto al carro di Cielo,&
alla compagnia
sua.

OPO al carro di Cielo, l'Authore fece venire il carro di SATVRNo fuo figli uolo tirato da duoi Buoi neri : percio che Festo Pompeio fcriue che a Satur no fi faceua facrificio di buoi di questo pelo, & adornò di piu questo carro del le dipinture di cinque fauole di Saturno recitate da diuer fi Authori, delle quali la prima fu che giacendofi Satur no con Phyllare nimpha, eſſendo fopragiunto da Opis fua moglie, per non effer cognofciuto da lei fi trasfornò in cauallo, onde di Phyllare nacque Chiron' Centauro, che habitò nelle felue, laqual fauola raccóta Vergilio nel terzo della Georgica quando egli dice.

Talis & ipſe Iubam ceruice effudit equina
Coniugis aduentu pernix Saturnus:& alſum
Pelion hinnitu fugiens impleuit acuto.

Doue Seruio efponendo queſti verfi narra il reſto della fauola detta difopra. La feconda fu quella che apprefſo il Gyraldo narra Critolao, cioè che Saturno alloggiato da vn contadin Latino gl'ingrauidò Enotria fua figliuola, & ne hebbe quattro figliuoli Iano, Hymno, Felice, & Fe ſto, a i quali egli infegnò piantar le viti, & fare'l vino, im ponendo loro, che infegnaſſero a gli altri huomini farɛ il medefimo, perche hauendo Iano infegnato a i Latini, & queſti non cognofcendo la forza del vino, ma allecta ti dalla fuauità fua, beendone aſſai s'addormentorono, & dormirono lungamente, & fuegliandofi poi, & credédo eſſer ſtati auuelenati, lapidoron' Iano, come ritrouator di quel veleno, perche venendo poi in Latio vna grã peſte, ricorfono per configlio all'oracol d'Apolline, il quale ri fpofe loro, che la peſte non reſterebbe mai infino a tanto ch'ei non placaſſero l'ira di Saturno, adirato per la mor-

te

te del figliuolo, onde eglino dedicarono vn tempio a Saturno in su la ripa Tarpeia. la terza fauola fu quando egli
rimanda il sasso datogli dalla moglie, & dalle figliuole a
diuorare in iscambio di Gioue, & si duole d'essere stato
ingannato da loro . La quarta fauola su quando ei taglia
la natura a Cielo suo padre, & la getta in mare, & che delle gocciole del sangue di quel membro, nacquero i gigá-
ti, & della schiuma, che ei sece in mare, nacque Venere,
si come scriue Hesiodo nella sua Theogonia. La quinta,
& vltima dipintura, su quando i Titani secero Hoste, &
gli moßero guerra, & presonlo prigione, & che egli poi
su cauato di carcere da Gioue suo figliuolo, recitata da
M. Gio. Boce. nell'ottauo libro della Geneologia degl'Id
dei, & a questi così fatti adornamenti, aggiunse vn Trito
ne, il quale haueua fitta la coda in sul piano del carro, come se egli l'hauesse hauuta fitta in terra, & sonaua vna
conca marina: percioche Macrobio nel primo libro de i
Saturnali scriue, che sopra il comigniolo del tempio di
Saturno, si metteuano i Tritoni in quella maniera, che l'-
Authore messe quello sopra il carro di Saturno, p dimostrare, che l' Historia, cominciò ne i tempij suoi, & che
da lui in dietro tutte le cose erono incerte, & oscure, is-
che significauan le code de i Tritoni, fitte & nascoste in
terra. In su questo carro adunque messe l'Authore Satur
no, la descrizzion del quale egli cauò della Theogonia d'
Hesiodo doue egli è figurato da quel poeta vn vecchio,
che diuorì figliuoli, & diede in compagnia al triompho
disopradetto primieramente la Pudicitia, seguitando la
sentenza di Iuuenale nella sesta Satira, doue dice.

Credo pudicitiam Saturno rege moratam
In terris visamque diu cum frigida paruas

Et quel che segue. Et questa finse vna fanciulla vestita di
verde con vn'Hermellino in mano, il quale haueua a col
lo vn collar d'oro, & di topatij: percioche M. Francesco
Petrarca nel triompho della pudicitia scriue,

Era

Era la lor vittoriosa insegna
In campo verde un candido hermellino
Ch'oro fine, & topazij a collo tegna,

Oltre a di questo gli coperse il capo, & la faccia cō vn vel' giallo: percioche Pausania nel terzo libro scriue, che hauendo Icario Spartano maritato' Penepole a Vlisse, & ha uendolo pregato, che volesse starsi seco in Isparta, & nō lo hauendo ottenuto, cominciò di nuouo a pregar Penelope, che non volesse abbandonarlo, ma che si contentas se di starsi seco: & essendo di gia partita Penelope di Spar ta per andarsene in Itaca con Vlisse, & seguitandola con tinuamente, & pregandola Icario, finalmente Vlisse vin to dalla impromptitudine, & dalle preghiere d'Icario, ri messe in arbitrio di Penelope di piglinr' l'vn' dei duoi par titi qual'piu gli piacesse, ò seguitarlo in Ithaca, ò rimaner si in Isparta con suo padre; all'hora la fanciulla senza ri sponder cosa alcuna si copri la faccia con il velo, che ella haueua in capo, per il quale atto Icario comprese, che el la voleua piu tosto andarsene in Ithaca con il marito, che restar' seco in Isparta, perche egli in quel luogo doue Penelope si era coperta la faccia cō il velo, drizzò vna sta. tua alla vergogna, laquale haueua il viso coperto con vn' velo, & è ancora cosa chiara, & manifesta a ciascheduno, che le spose Romane, quando andauano a casa il marito si copriuon la faccia con vn vel giallo. Dopo alla pudici tia l'Authore fece venir la Verità; percioche, si come scri ue Plutarco ne i Problemi Romani, la verità è figliuola del tēpo, & Saturno da tutti è posto per il tempo. & finse p la Verità vna fanciulla ignuda, ma coperta di veli bian chissimi, di maniera, che sotto a ōgli appariua l'ignudo: perciohe, si come scriue il medesimo Plutarcho nel luo go di sopra detto, la verità è vna cosa chiara, pura, & sco perta a tutti . & perche tutte le fauole de i Poeti dicono, che al tempo di Saturno furono i secoli dell'oro : perciò l'Authore insieme con la verità, & con la pudicitia, mes-

se l'Età dell'oro, la cui descrizzione egli cauò del primo li
bro delle Trasformationi d'Ouidio, doue egli dice.

Aurea prima sata est Etas quæ vindice nullo

Et quel che segue, perche egli finse per questa età vna fan
ciulla ignuda coronata, & adorna di tutti quei rami d'alberi con i frutti, de i quali Ouidio nel luogo disopradetto
dice, che gli huomini in quel tempo lieti & contenti si
pasceuano. Dopo al secol disopradetto l'Authore fece venir la Quiete seguitando la sentēza di questo medesimo
poeta nel medesimo luogo, nelquale ei dice.

Nondum læsa suis peregrinum vt viseret orbem

Montibus in liquidas pinus descenderat vndas

Nullaque mortales præter sua littora norant,

Et quel che segue: figurò adunque l'Authore la Quiete
vna femmina di aspetto graue, & venerando, & vestita di
nero: percioche questo colore dimostra, come disopra si
è detto fermezza, & grauità, & gli fece fare vna acconcia
tura in capo in su la quale era vn nidio dentro alquale si
giaceua vna Cicogna tutta pelata per la vecchiezza: percioche questo vccello, come è noto a ciascheduno quando è vecchio si riposa nel nidio, & è nutrito dalla pietà
de i figliuoli, ma perche Saturno oltre all'essere vna medesima cosa, che'l tempo, fu ancora, come scriue Macrobio nel primo libro de'Saturnali ritrouator' delle biade,
& degli altri frutti, & per questo i Cirenensi gli faceuon'
sacrificio di schiacciate fatte di farina, & mele, & coronati
di rami di fichi con le foglie, & con i frutti, ciò l'Autore
seguitando i detti di questo scrittore, messe in cōpagnia
del carro di Saturno duoi mori in habito di sacerdoti, co
ronati di rami di fico, & con vn ramo di fico in man per
vno, & vn nappo, in ciaschedun de quali fusse vna schiac
ciata fatta delle cose disopradette, & oltre a q̄sti Cirenēsi
ne messe ancora duoi Romani, con vna facellina accesa in
vna per vno: percioche il medesimo Macrobio nel luogo
disopradetto scriue, che'Romani sacrificauano a saturno

Ceri

Saturno, perche ei dice.

Ex ope Iunonem memorant Cereremque creatas

Semine Saturni tertia Vesta suit

Et questa figurò in quel modo, che la descriue Phornuto, cioè vna femmina stretta nelle spalle, & larga nei fian,
chi, di maniera, che la fusse di forma quasi tonda, & la vesti di bianco, & gli dette in mano vna lucerna accesa. per
cioche intendendo gli antichi Gentili per Vesta hora l'e
lemento della terra, & hora quel del fuoco, & essendo la
terra tonda, & accerchiata da duoi elemêti lucidi, & chia
ri, iquali son l'acqua, & l'aria: perciò fu da quegli finto p
Vesta vna vergine vestita di bianco della forma di sopra
detta con il fuoco in mano. Et che gli antichi intendessero
ro per Vesta la terra, lo dimostra Ouidio nel luogo allegato disopra, quando egli dice.

Stat ui terra sua, ui stando Vesta vocatur

Causaque par Graij nominis esse potest

Il che ancora afferma Phornuto nel cap. proprio di Vesta. Il medesimo Ouidio ancora dimostra che gli antichi
per Vesta intendessero il fuoco, quando egli dice.

Nec tu aliud Vestam, quàm viuam intellige flammam

Nataque de flamma corpora nulla vides

Et quel che segue: nè è inconueniente alcuno che la terra sia posta da Hesiodo nella Theogonia, & da molt'altri
Theologi de' Gentili come principio d'ogni cosa, & da
Ouidio, come figliuola di Saturno: percioche quegli che
dissero, che la terra era principio di tutte le cose dell'vniuerso: intesero per la terra quella diuina virtu, che era in

lei, come ben dichiara M. Giouan Boccaccio nel primo
libro della Geneologia degl'Iddei de'Gentili, & chi disse
che Vesta, cioè la terra era figliuola di Saturno, intese per
Vesta l'Elemento stesso della terra, nel quale era nascosta
la virtu disopra detta, perche e'dissero che l'era tonda, &
che la si reggeua per propria sua forza, & che ell'era vesti
ta di bianco: percioche ell'era attorniata da i duoi elementi disopra detti, & forse dissero che ell'era figliuola di Saturno; percioche egli fu il primo, che insegnò coltiuarla.
Dopo Vesta seguitò Chirone Centauro figliuolo anche
egli di Saturno, & di Phyllare nimpha, come si è detto poco innanzi, & a questi dette l'Authore in man- vn libro,
& a canto vna spada, vn'arco, & vn turcasso; percioche e-
gli cognobbe la natura, & la forza dell'herbe, si che egli
fu Medico, & seppe l'Arte della guerra, perche Thetide
gli dette Achille suo figliuolo per iscolare. Vltimamente
vène Pico figliuolo di Saturno, si come scriue Seruio nel
suo Commento sopra il settimo lib. dell'Eneide, & questi figurò l'Authore vestito di verde con vn picchio in ca
po, & in mano vn baston' torto, come vn pastorale da Ve
scoui, il quale gli antichi chiamaron'Lituo, & seruiuonse
ne per diuidere il Cielo nelle sue regioni, quando ei pigliauon gli augurij: percioche egli fu augure, & quel ba
stone era la propria insegna di quegli indouini, che gl'an
tichi chiamarono Auguri, si come scriue il medesimo Ser
uio nel luogo allegato disopra, & perche egli fu conuerti
to da Circe in vccello, come scriue Virgilio nel settimo li
bro dell'Eneide doue e'dice.

Picus equum domitor, quem capta formidine coniux

Aurea percussian virga versumque venenis

Fecit auem Circe sparsitque coloribus alas

Et quel che segue, & Ouidio nel dodicesimo libro delle
Trasformationi, dice.

Ille fugit sed se solito velocius ipse

Et quel che segue: perciò l'Authore lo vestì di verde, imi
tando

tando il colore dell'vcello in che egli fu conuertito, &
gliele mese ancora in capo. & questo quanto a saturno,
& al carro, & compagnia sua.

Quarto Carro del Sole

ARVE conueneuole all'Authore dop
po il carro di saturno, metter subitamē
te quel del SOLE con la sua compagnia
& cosi partirsi dall'oppenion'd Aristo
tele, il quale nel dodicesimo libro della
Metaphysica, mette il sole subitamēte
sopra la Luna. & da Ptolomeo, il quale nel nono lib. del
suo Almagesto lo mette, & forse piu veramēte nel quarto luogo,, cioè tra Venere, & Marte, & è seguitato da M.
Tullio nel lib. del sogno di Scipione, & la cagion su questa, che le operationi del sole in quest'vniuerso, son'mag
giori, piu manifeste, & piu vniuersali che quelle d'alcun
altro pianeta, & pciò par'che'meriti d'esser'messo in piu
degno luogo, che alcun'altro di loro, ma perche Saturno
è il primo, che si muoue di mouimento contrario al moto dell'ottaua sphera, intesa dagli antichi per Cielo, onde
hebbe luogo qlla sauola, che Saturno si ribellasse da Ipa-
dre, & togliesegli il regno, & essendo questo tal'mouimento di Saturno, seguitato poi da tutti gli altri pianeti:
& per esser'Saturno padre di Gioue, & per conseguente auolo di tutti gli altri pianeti da Venere in fuori, & di
lei ancora in vn'certo modo cagione, per hauer'egli con
vna falce tagliata la natura à Cielo, & gettatala in mare,
onde ella nacque: perciò messe l'Authore nel primo luo
go dopo Cielo, Saturno, & dopo lui subitamente Apollo
& adornò il carro suo delle dipinture di sette sauole. La
prima delle quali su quella di Phetonte, recitata da Ouidio nel primo libro, & nel secondo delle Trasformationi
doue egli dice.

Templa

Templa tenet: fuit huic animus æqualis & annis
Sole satus Phaeton, quem quondam magna loquentem

Et quel che segue, la seconda fu quando Apollo ammaz
za il serpente Phytone, la qual fauola è raccontata, & di
chiarata da Macrobio nel primo libro de' saturnali. la ter
za fu quando Apollo scortica Marsya pastore, perche lo
haueua vinto a sonar di zampognia, laquale è narrata da
Ouidio nel sesto lib. delle Trasformationi, quado e' dice.

Sic vbi nescio quis Lycia de gente virorum
Retulit, exitium Satyri reminiscitur alter

Et quel che segue. La quarta fu quando Phebo si conuer
ti in pastore, si come scriue Ouidio nel secondo libro del
le Trasformationi, quando ei dice.

Illud erat tempus quo te pastoria pellis
Texit, onus dextra baculus syluestris oliuæ

La quinta fu quando Apollo fuggendo insieme con gli
altri Idei, il furor di Typheo si conuerti in Corbo, si co
me racconta Ouidio nel quinto libr. delle Trasformatio
ni, quando ei dice.

Delius in Coruo, proles Semeleia Capro,

Et quel che segue. la sesta fu quando Phebo si conuerti
in lione, & in isparuiere, il che scriue il medesimo, nel se
sto libro delle Trasformationi quando ei dice.

Omnibus his faciemque suam faciemque locorum,
Reddidit, est illic agrestis immagine Phoebus
Vtque modo accipitris pennas, modo terga leonis,
Gesserit, vt pastor Macareida luserit Issen

Et quel che segue. L'ultima fu quando Apollo s'innamo
ra di Daphne, & che ella fuggendo da lui si conuerte in
alloro, il che narra il medesimo Ouidio nel primo libro
delle Trasformationi, doue ei dice.

Protinus alter amat: fugit altera nomen amantis

Et quel che segue. In su questo carro adunque così ador
no, messe l'Autore Apollo a sedere có vn corbelletto d'o
ro in capo, la barba lunga, appuntata, rossa, & risplenden
te,

te,& così i capegli,il petto armato all'antica, & gli dette
nella mã dritta vn'hasta,sopra laquale era vna piccola im
magine della vittoria,& nella man manca varie maniere
di fiori,lequali egli porgesse:indosso poi gli messe vn mã
to,ilquale in su la spalla era legato con vn mazzo di serpẽ
ti:innanzi poi gli messe vn'Aquila,che stesse per leuare
il volo,& inanzi a i piedi gli messe l'imagine d'vna femina
& dalla mã destra di ãsta statua pur a i piedi di Phebo mes
se vn'altra figura d'vna femmina; & dalla man sinistra di
quella prima femmina, messe vn'altra femmina medesimamente a' piedi del Sole,pcioche egli è descritto in que
sta maniera da Macrobio nel primo libro de i Saturnali,
doue questo authore anchora rende la ragione di questa
descrizione, & dice che questa statua d'Apollo disopra
detta si trouaua appresso gli Hieropolitani in Asyria,&
questo carro con queste statue, l'Authore sece tirare da
quattro cauagli con le ali,come comunemente da tutti
è fatto tirare il carro del Sole,perche essendo Phebo posto in sul carro a sedere alto,& hauendo in mano l'hasta,
& i fiori disopra detti non poteua guidare i cauagli, che
gli tirauano il carro,perciò l'Authore gli dette per Coc-
chiere la velocità, la quale egli finse vna femmina vestita
di rosso con vna acconciatura in capo,che v'era su vn Del
phino, & vna vela,percioche Aristotele nel nono lib.del
l'Historia degli animali scriue, che il Delphino è velocis-
simo di tutti gli animali d'acqua, & di terra, & che egli
salta spesse siate sopra gli alberi delle maggior naui, & la
vela comunemente si pon da tutti per segnio di della Ve
locità.In compagnia poi di questo carro l'Authore messe primieramente l'Hore,seguitando la sentenza d'Ouidio nel secondo libro delle Trasformationi doue dice,

A dextra,leuaque dies,&mensis,&annus

Seculaque & posita spatijs æqualibus Horæ

Et quel che segue.& di queste egli ne finse tre,cioè la pri
ma quando si leua il Sole,& questa figurò vna fanciullet

Egiptij che che se ne fuſſe la cagione ſignificauan l'Hore per queſto animale, & molti degli antichi le dimoſtra-
uon per il Lupino:percioche egli ſi volge ſempre mai ſecondo che il Sole ſi muoue, onde ei dimoſtra l'Hore a'cő
tadini, ancora quando egli è nugolo, ſi come ſcriue Plinio nel diciotteſimo libro dell'Hiſtoria naturale, & ſe be
ne gli antichi, & i moderni ancora affermano che'l Gior
no naturale, il quale è compoſto del dì artificiale, & della
notte, ha ventiquattro hore, & al giorno artificiale, cioè
a tutto quel tempo che'l Sole illumina il noſtro hemiſpe
rio gli antichi deſſero ſempre dodici Hore, & i moderni
gliene dieno hora piu, & hora meno, ſecondo che il Sole
ci ſi appreſſa, ò ci ſi diſcoſta, ma non mai a noi, &. a tutti ſ́
gli, che habitano il medeſimo pararello, che habitiamo
noi manco di noue hore, & vn poco piu, non di meno p
non far tanto gran numero di figure in compagnia d'un
carro ſolo quanto ſarebbe ſtato biſogno di fare ſe egli haueſſe meſſo in compagnia del carro di ſopradetto xxiiii.
xii. xv. ò ix. hore: per queſto l'Authore deliberò non ne
metter piu che trè, & pigliar q̃lle lequali ſono i piu chia-
ri, & maniſeſti termini del giorno, dopo alle Hore, per ſe
guitare medeſimamente la ſentenza d'Ouidio nel luogo
diſopradetto, ſu meſſo il Meſe:il che parue di fare all'Au
thore, percioche l'operationi della Luna, il corſo dellaquale fa il Meſe, in queſto uniuerſo, ſon piu maniſeſte
a ognuno, per il variar del lume ſuo, il qual ella riceue dal
Sole, che per il moto delquale ella è moſſa dalla ſua intel
ligéza, & anche, percioche il Meſe è parte dell'Anno, che
da ognuno è attribuito al Sole. Finſe adunque il ritrouar

di questa Mascherata il Mese, vn giquine vestito di bianco, con due cornette bianche volte allo'n giù, & corona
to di palma, percioche in questo modo era significato da
gli Egyptij, si come scriue Horo ne' suoi Hieroglyphici,
& la cagione era questa: percioche la palma a ogni nuoua Luna comincia à mettere vn ramo, & quando la Luna ha ventotto giorni, ella ha l'ultima parte disopra illu-
minata, si che le streme pûte del lume risguardono allo'n
giu, & gli aggiunse in mano vn vitello con vn corno solo, percioche Eustathio commentator d'Homero nel cô
mento suo sopra il primo libro dell'Ilyade dice, che il Me
se è chiamato Bve, & da Orpheo poeta Greco ne i suoi
Hymni è detto Vitello d'vn corno. Venne dopo il Mese
l'Anno, ilquale l'Authore figurò vn'huomo di meza età,
con il capo, il collo, la barba, & i capegli pien'di neue, &
ghiaccio, il petto, & l'epa rosse, & adorne di varie manie
re di spighe, le braccia verdi, & piene d'ogni sorte fiori, le coscie, & le gambe macchiate d'uue, & tinte di mosto, messegli dipoi in mano vn serpente, che riuolto in gi
ro si manicasse la coda, & vn chiodo grande. La cagione
adunque, perche egli fece l'Anno in questa maniera, fu
questa. L'anno comunemente comincia di Gennaio quâ
do il ghiaccio, & le neui son grandisimi, & perciò l'Authore gli finse il capo, che è il principio dell'huomo pien'
di neue, & di ghiaccio, & perche la primauera è adorna
d'ogni sorte fiori, & herbe, & le cose in quel tempo tutte
cominciano in vn certo modo à suegliarsi, & far piu viua
mente le lor'operationi, perciò l'Authore gli fece le brac
cia ornate di tutte le maniere d'herbe, & di fiori, ma per
essere la state i caldi grandisimi, & le biade tutte mature,
per questo l'Authore gli finse il petto, & l'epa rosse, &
messe loro intorno le spighe disopra dette; vltimamente
gli imbrattò le coscie, & le gambe d'vua, & di mosto, volendo per questo dimostrare l'Autunno, che è l'ultima
parte dell'anno, nel qual tempo si vendemmia, & si fa il

E

vino, il serpente, che riuolto in giro si mordeua la coda,
gli su dato in mano, percioche l'anno si riuolge in se stesso, & il principio d'vn'anno consuma il fine dell'altro, si
come quel serpente ridotto in forma di cerchio si rodeua
la coda, perche Virgilio nel secondo della Georg. scriue,

Fronde nemus, redit agricolis labor actus in orbem
Atque in se sua per vestigia voluitur annus.

Il chiodo che egli haueua in mano gli su dato: percioche
si come scriue Festo Pompeio, gli antichi Romani ficca-
uano ogni anno nelle mura de'tempij degl'Iddei vn chio
do, & dal numero di quei chiodi poi annoueruan' gl'an
ni. Dopo l'Anno, l'Authore finse l'Aurora, la quale egli
figurò vna fanciulla di color' incarnato con vn mãto gial
lo indosso, & vna lucerna antica accesa in mano, & la mes
se à cauallo in sul caual Pegaso: percioche da Homero in
piu luoghi, ella è chiamata λαμπαδοφόρος che significa,
che ella porta vna lucerna, ò fiaccola, & dal medesimo
poeta è detta κροκοπέπλος, che vuol' dir' velata di gial
lo, si come nota Eustathio commentator' d'Homero nel
suo commento sopra il secondo libro dell'Odissea, & Virgilio ne i suoi Epigrammi dice.

Aurora Oceanum croceo velamine fulgens

Et quel che segue. & Ouidio nel terzo libro dell'Arte de
l'Amare dice.

Nec Cephalus vosea preda pudenda dee.

Et il medesimo Eustathio nel luogo disopra detto scriue
che le fauole dicono, che ella va in sul caual Pegaso. oltre
all'Aurora l'Authore diede in compagnia à questo carro
Esculapio figliuol d'Apollo, si come scriue Pausania nel
secondo libro della Grecia, il quale egli vestì d'habito lun
go da sacerdote, & gli dette in mano vn baston' nodoso,
& vn serpéte rosso, sopra il quale egli teneua la mano, co
me se'gli volesse far' carezze, & a piedi vn cane: percioche egli é descritto cosi da Phornuto nel capitol proprio,
& da Pausania nel luogo disopra allegato. Finse oltre a

Escula-

Esculapio Phetonte figliuol d'Apollo, come scriue Ouidio nel primo libro delle Transformationi doue dice.

Sole satus Phaethon; quemquondam magna loquentem,

Et quel che segue. &infieme seco figurò Orpheo figliuo
lo anch'egli d'Apollo, si come scriue M. Giouan Boccaccio nel quinto libro della Geneologia degl'Iddei, & questi finse l'Authore vn giouine vestito d'habito leggiadro
ma che mostraua grauità, & haueua in capo vna Thyara
& in mano vna Lira, laquale egli sonaua, ma quegli figurò vn giouane vestito riccamente cò la chioma il viso, &
il petto, che ardeuano, & i mano gli dette vnCigno; pcio
che Phetonte è descritto in questa maniera da Philostrato nel primo libro delle Immagini, & Orpheo anch'egli
è descritto nel modo detto da Philostrato il giouane nel
primo libro delle sue Immagini, dopo Orpheo, & Phetó
te l'Authore fece venir' Circe figliuola del Sole, si come
scriue M. Tullio nel terzo libro della Natura degl'Iddei,
la quale egli figurò vna matrona cò vna bēda biāca intor
no al capo, come vsauan di portar per insegna gli antichi
Re, & gli dette in mano vn ramo di Larice, & vn di Ce-
dro: percioche ella fu regina, come è cosa nota, & Home
ro nel decimo libro dell'Odissea, dice che ella vsaua per
profummi nè suoi incanti questi duoi arbori. Vltimamē
te furon finte le noue muse insieme con la memoria madre loro, come scriue Hesiodo nella sua Theogonia, lequali l'Authore vestì a vso di nimphe con libri, & varij
instrumenti musici in mano, & messe loro in capo ghirlande fatte di penne di piu sorti, tra lequali n'era di quel
le di Gaza, per hauer le muse vinto le Sirene a cantare, co
me scriue Pausania nel nono libro della Grecia, & le noue figliuole di Pierio, & di Euippe, & conuertite in Ga
ze, come dice Ouidio nel quinto libro delle Transforma
tioni.

Miranti sic orsa Dea Dea; nuper & istæ

Auxerunt volucrum victa certamine turbam

E ij   Et

Et quel che segue. ma la Memoria l'Authore la figurò v-
na donna di mezza età: percioche Aristotele scriue nel li
bro della Memoria, & della Ricordanza, che gli huomini hanno piu memoria nell'età perfetta, che' non hanno
nella vecchiaia, & nella fanciullezza, & vestilla di nero: p
cioche quel colore dimostra fermezza, & stabilità, & l'uf
fitio della memoria è ritenere fermamente le forme delle cose rappresentatigli dal senso, & dalla phantasia, come il medesimo Aristotele afferma nel luogo disopra allegato, ordinò che con le due prime dita della man'destra
ella si tirasse spesso la punta dell'orecchio dritto, percioche Plinio nell'vndicesimo libro dell'Hystoria Naturale
scriue.

Est in aure ima memoriæ locus quem tangentes attestamur,
Et Virgilio nella sesta Egloga dice.

Cum canerem reges & prælia, Cynthius aurem
Vellit & admonuit, pastorum Tityre, pingues

Et quel che segue, dettegli in mano vn cagnuol'nero per
la medesima cagione, che egli haueua vestita la figura di
q̄sto stesso colore, & pche il cane è animal'di grandissima
memoria, come si vede giornalméte per isperienza, la on
de Socrate appresso a Platone nel Phedro giura per il Ca
ne, che Phedro haueua imparata a mente tutta quella bel
la oratione, che Lysia haueua composta. mestegli oltre à
di questo in capo vna acconciatura piena di molte, & di
varie cose, per dimostrare che la Memoria è sedelis
sima ritenitrice, & conseruatrice di tutte le
cose, che gli son'rappresentate da'senti
menti nostri, & dalla phantasia,
come si è detto disopra. &
questo quanto al
Carro del So
le.

Quinto Carro di Gioue.

Inito il Triompho del Sole pasò quel di Giove, ilquale l'authore adornò di tre statue & delle dipinture di cinque Fauole di questo Dio, delle quali la prima fu quando Gioue essendosi conuertito in Toro con Europa adosso, passò il mar' di Phenicia & senandò in Creti, recitata da Ouidio nel secondo libro delle transformazioni doue ei dice,

Non bene conueniunt nec vna in sede morantur,

Et quel che segue, l'altra fu quando Gioue medesimo conuertito in Aquila rapì Ganymede nel monte Ida, & se ne lo portò in Cielo, narrata pur dal medesimo Ouidio nel decimo libro delle transformationi quãdo ei dice

Rex superum Phrygij quondam Ganymedis amore,

Et quel che segue, & sopra à questa pose la terza dipintura quando conuertito in fuoco si giacque cõ Egina figliuola di Asopo Re di Beotia, la quarta fu quando conuertito in oro piouue per il tetto ingrembo à Danae figliuola d'Acrisio Rè degli Argiui recitate tutte,& due da Ouidio nel sesto libro delle transformationi doue ei dice,

Aureus vt Danaem, Asopida luseris ignit,

Et quel che segue, la quinta & vltima fu quando cauò Saturno di prigione doue egli era stato messo da ,i ritani recitata da Messer Giouan Boccaccio nel quarto libro della geneologia degl'Iddei, ma la prima statua che egli volse che adornasse il carro di sopra detto fu quella di Epapho figliuol di Gioue &d Io come scriue Ouidio nel primo libro delle transformationi quando ei dice,

Hinc Epaphus magni genitus deseruiue tandem,

Et quel che segue, la seconda statua fu quella d'Helena figliuola di Gioue & di Leda moglie di Tindaro Rè di Laconia & sorella di Castore, & Polluce si come, è noto à ciasche-

ciafcheduno, la terza fu quella d'Arcefio figliuol' di Gio
ue & auol' d'Vliffe del quale ragiona Ouidio nel tredice
fimo libro delle transformationi in quella oratione che
Vliffe fa contro a Aiace figliuol' di Telamone quando ci
dice

Nam mihi Laertes pater est Arcesius illi
Iuppiter huic, neq; in his quisquam damnatus,& exul

Et quel che fegue, & in fu quefto carro cofi adorno meffe Gioue, la defcrizzion' del quale egli cauò da Paufania
nel quinto libro della grecia doue egli dice che in Alti
era vn tempio di Gioue belliffimo doue quefto Iddio era
fcolpito à federe & haueua in capo vna grillanda di frondi fimiglianti alle foglie dell' vliuo, & nella man dritta haueua vna vittoria d'oro & d'auorio con vna corona
& una fafcia di lana bianca, & nella manca vno fceptro re
ale d'ogni forte metallo, & fopra quefto fceptro era vna
Aquila, & haueua quefto Iddio in piede i calzari d'oro al
l'antica & vn' mantello d'oro in ful quale erano fcolpiti
diuerfi animali & diuerfe maniere di fiori & fpetialmen
te gigli, & era à feder' quefto Iddio in fu vna fedia d'Eba-
no & d'auorio ornata d'oro & di gioie, & haueua quattro piedi & era ornata di varie forti d'animali & à ciafche
dun piede della fedia era vna vittoria che pareua che fal-
taffe, & alla fine di ciafchedun' piede eron' due altre vitto
rie, & nei piedi dinanzi erono fcolpiti fanciugli Thebani
rapiti dalle Sphingi, & fotto le Sphingi era Niobe con i
fuo' figliuoli faettati da Diana & Apollo, & tra l'un piede
& l'altro era vn' quadro, nel primo de quali erano fette
huomini che combatteuano infieme, & tra loro era vn
putto con vna fafcia di lana bianca al capo, & negli altri
quadri era Hercole con la fua compagnia che combatte-
uan' con le amazone, & oltre a di quefti Thefeo; & nel
mezo di quefti quadri eron' colonne che reggeuan' la fedia, & quefto Iddio in ful carro difopra detto l'authore fe
ce tirare da due Aquile per effere quefti vccegli confe-
                                                    crati

crati à Gioue si come auuertisce Seruio commentator
di Vergilio dichiarando ġl' verso del primo dell'Eneide
A Etheria quos lapsa plaga Iouis ales aperto,
Et quel che segue, doue egli dice che l'Aquila è sotto la
protettion' di Gioue percioche ella gli porse le saette mē
tre che egli combatteua con i giganti, & per compagnia
al carro disopra detto l'authore diede primieramente
Bellerophonte figliuol' di Glauco Rè di Coratho del
quale Gioue su bisauolo si come scriue Messer Giouan'
Boccaccio nel tredicesimo libro della natura degl'Iddei
& questi l'authore vestì auso di Re con la sua diadema di
panno lino in capo & in su la acconciatura gli messe vna
chimera, percioche si come dice Palephato nel suo libro
delle Hyle: incredibili egli la vinse & ammazzò, & dopo
Bellerophonte sece venir Perseo figliuol' di Gioue & di
Danae si come scriue Ouidio nel quarto libro delle tran
sformationi quando ei dice

Non putat esse Deum, neqꝫ enim Iouis esse putabat
Persea, quem pluuio Danae conceperat auro

Et quel che segue, et a questi l'authore diede allato il coltello in forma di salce chiamato da i poeti Arpe có il qua
le egli ammazzò Medusa la prima delle tre Gorgoni come scriue il medesimo Ouidio nel luogo allegato disopra, onde l'authore gli diede in mano vn' Teschio di Medusa, & dopo a lui vène εpapho figliuol' di Gioue & d'Io
si come è detto disopra alquale l'authore messe in capo
per acconciatura vna testa d'Elephante percioche dagli
Egiptij furono dedicati tempij a lui, & alla madre insieme & adorati come scriue Ouidio nel primo libro delle
transformationi quando egli dice

Creditur esse Iouis perqꝫ vrbes iuncta parenti
Templa tenet

Et quel che segue & l'Elephante come disopra è detto si
pone per la religione, dopo Epapho venne Hercole figli
uolo di Gioue & di Alcmena moglie d'Amphitrione Rè

di

di Thebe ilquale l'authore vestì della pelle del Lione, &
gli dette in mano la Claua, nel qual'modo egli è figurato
comunemēte da tutti, seguitò Hercole Scytha figliuol di
Gioue & primo ritrouatore dell'arco & delle frecce come si legge appsllo di Plinio nel settimo lib. della Hysto
ria naturale, dopo Scytha vénero Castore & Polluce figliuoli di Gioue et di Leda moglie di Tindaro Rè di Laco
nia conie è cosa nota à ognuno, & questi il ritrouator di
questa mascherata sinse in'habito di soldati in su duoi ca
uagli biāchi, nella qual'forma eglino apparsero à Publio
Vatinio di notte quando egli tornaua da Rieti a Roma
& gli dissero che in quel giorno Perseo Rè di Macedo-
nia era stato rotto da Paulo Emilio sì come scriue Valerio Maximo nel primo libro de'detti & fatti notabili, mes
se loro oltre à di questo in su la celata questo segno
perciochè Plutarcho nel libro dello amor' fraterno scriue che i Lacedemonij teneuono il segno scritto di sopra
come vna immagine & vna statua di questi duoi Iddei
che eran' frategli, significando per quel segno lo scambie
uole amore che era tra lor' duoi, aggiunse ancora l'autho
re alla celata di questi duoi Iddij vna fiamma di fuoco p
vno & all'vn'di loro dieci stelle & all'altro otto, percioche Iginio nel secondo & nel terzo libro delle stelle dice
che Castore & Polluce furon' transcriti in Cielo da Gio
ue & sattone quel'segno Celeste che si chiama Gemini,
l'un'de quali è composto di dieci stelle, & l'altro di otto
come egli medesimo afferma, ma le fiāme del fuoco pose
loro iñ capo l'authore perciochè essendo la naue Argo,
in su la quale tra gli altri, Argonauti eran' Castore & Pol
luce trauagliata da vna grandisima tempesta essi piglia-
rono in mano vna Lyra & cominciarono à cantarui su,
onde la tempesta subitamente cesò, & sopra il capo di
ciaschedun'di loro apparì una fiamma di fuoco, laqual'
cosa scriue Valerio Flacco nel primo libro della sua Ar-
gonautica quando egli dice

Dixit

Dexit.& ingenti flammantem nubila sulco.

Et quel che segue. Appresso a Castore, & Polluce su la
Giustitia, laquale egli finse vna femmina bella, che con la
man manca strangolasse vna femmina brutta, & con la
man destra la battesse con vn bastone, nel qual modo ella
è descritta da Pausania negli Eliaci. Dopo la Giustitia lo
Authore messe gl'Iddei Penati, dei quali sono state molte oppenioni, ma tra l'altre piacque all'Authore quella,
che Arnobio recita nel terzo libro contra i Gentili, doue egli dice, che gl'Iddei Pennati secondo l'antica discipli
na de i Toscani eron'dodici, sei maschi, & sei femmine, de
iquali non si sapeua il nome, & erano di natione barbara,
ma consiglieri, & principi di Gioue. & di questi l'Autho
re ne prese duoi maschi, & due femmine per non crescer
tanto il numero delle figure, & gli vestì a vso di consiglie
ri, ma di habito piu strano, che si potette, & messe loro a
collo vna caténa d'oro, allaquale fusse appiccato vn cuore, & in capo vn frontespitio con la basa volta allo'nsu, &
in su la basa due teste d'huomini, vna d'un'vecchio, & l'al
tra d'un giouane, che volgessero la collottola l'uno all'altro, & quanto al cuore l'authore lo messe loro al collo, p
ciochela bulla ornamento dei fanciulli nobili Romani
era fatta, come vn cuore, si come referisce Macrobio nel
primo libro de i Saturnali, & era data loro accioche guar
dandola si ricordassero allhora douere essere huomini,
quando ei valessero assai con il consiglio, significato per
quel membro, che è la prima sedia dell'animo: essendo a-
dunque gl'Iddei Pennati consiglieri, & principi di Gioue parue conuenuole dar loro quella insegna, che dimo
strasse il consiglio che era l'ufficio loro, ma'l frontespitio
di sopra detto fu messo loro in capo, percioche nelle medaglie antiche si vede spesso questo segno, il che molti hã
no detto, & tra gli altri il Pierio ne i suoi Hieroglyphici,
che significa la stabilità, & fermezza de i buõ'consigli, iqua
li essendo di natura simiglianti a Dio, per questo sono di

F

maggior' forza,& di maggior'valore che gli altri, il che
si dimostraua p quel'frontespitio che innalzandosi verso
il cielo cresceua,& si allargaua. Dopo gl'Iddei Penati vè-
nero i duoi Palici vestiti di tanè con vno altare antico in
mano per ciascheduno, ilquale era pieno di spighe, furono i Palici duoi frategli figliuoli di Gioue, & di Thalia
nimpha, laquale sentendosi grauida,& temendo di Giunone pregò Gioue, che facesse, che la terra s'aprissi,& in-
ghiottissela, il che fu fatto, perche ella stette sepolta nella
terra insino al tempo del parto, nel quale la terra di nuouo s'aperse,& di quella apertura vsciron'questi duoi frategli, iquali, essendo in Sicilia vn'anno molto sterile, auui-
sarono i Siciliani, che se'voleuano mandar' via la carestia,
sacrificassero a vn certo Heroe vna maniera di sacrificio,
il che hauendo fatto i Siciliani,& essendo ritornata la douitia, in memoria del benificio riceuuto da' Palici conse-
craron'loro vn'altare, ilquale riempierono di tutte le maniere di spighe, onde Virgilio nel nono libro dell'Eneide dice.

Eductum matris luco Symetia circum

Flumina pinguis vbi implacabilis ara Palici

Il che riferisce Macrobio nel quinto libro de'Saturnali.
Dopo i Palici venne Iarba figliuol'di Gioue,& Re di Getulia, ilquale l'Authore adornò della sua benda bianca in
torno al capo,& di vna acconciatura, che vi era su vn Co
codrillo, la testa d'un'Lione, foglie di canna, di papyro,
& varij monstri,& in mano gli diede vno scettro reale,
& vna fiamma di fuoco, il che fu fatto, percioche intorno
al Negro fiume, che è a'confini del regno di Getulia nascono i Lioni,& le medesime cose, che intorno al Nilo, le
quali son'le disopradette, & egli anche ha la medesima
natura che ha il Nilo, si come scriue Plinio nel quinto libro dell'Hystoria naturale. & la fiamma del fuoco gli fu
data in mano, per quel che scriue di lui Virgilio nel quarto libro dell'Encide, quando egli dice.

Centum

Centum aras posuit vigilemque sacrauerat ignem

Et quel che segue. Dopo Iarba venne Xantho fiume figliuol'di Gioue, come scriue Homero nel sesto dell' Iliade, ilquale l'Authore figurò vn'ignudo zuccone, & tutto giallo, con il suo vaso in mano che versasse acqua, come si fingono comunemente tutti i fiumi, & lo fece giallo, percioche, si come scriue Aristotele nel terzo libro de l'Hystoria degli animali, le pecore che pascono intorno à quel fiume diuenton gialle, finselo zuccone, percioche i Greci haueuon'per antico costume tagliare i capegli a i fiumi, si come scriue Pausania nell'Attica, & essendo satta mentione di questo fiume da Homero piu che da alcuno altro scrittore parue all'Authore di fingerlo in quel' modo, che gli antichi Greci figurauano i fiumi loro. Dopo Xantho venne Sarpedone figliuol di Gioue, & Re di Lycia, si come scriuono Homero nel sedicesimo libro de l'Iliade, & Herodoto in Clio, & questi l'Authore vesti à vso di Re, & gli dette in mano oltre allo scettro reale vn' mòte che gettasse fuoco, & sussiui sù vn'Lione, & parecchi serpenti, percioche questo è quel monte della Lycia dalquale nacque la fauola della Chimera, la quale i poeti dicono, che Bellorophonte ammazzò, percioche egli spese le fiere, che erono in sù questo monte, & fece, che egli si potette habitare, si come scriue Palephato nel libro del l'Hystorie Incredibili. Dopo Sarpedone vennero quattro Cureti, iquali furon' quegli, che quando Rhea partorì Gioue, accioche egli non fusse diuorato da Saturno, lo portarono nel monte Ida, & ve lo nascosero, & nutriron lo, & quando egli piangeua, accioche ei non fusse sentito da Saturno, eglino percoteuano l'armi insieme, & faceuan'romore, & trouoron'quella maniera di ballo, che gli antichi chiamaron'Saltatione armata, & Pyrrhichia, si come scriue Strabone nel x. libro della sua Geographia, perche l'authore gli finse armati all'antica con le spade al lato, & le haste in mano, & gli scudi tondi, & ordinò che.

eglino gli percoteſſero ſpeſſo con le haſte, & faceſſero ro
more. Vltimamente venne la Fortuna, laquale ancorche
ſia ſinta da molti in varij modi, nondimeno quella ſorma
nella quale l'adorauan gli Scythi, ſecondo che riſeriſce il
Giraldo, gli parue molto a propoſito, cioè vna femmina
con le ali, & ſenza piedi, & qui ſini il triópho di Gioue.

Seſto Carro di Marte

ASSATo il triompho di Gioue ſeguitò
quel di Marte ſuo figliuolo ſi come ſcri
uono Homero nel quinto dell'Iliade et
Phornuto nel libro della natura degl'
Iddei, & queſto l'authore adornò delle
dipinture di tre Fauole & di due figure
di baſſo rilieuo, che per varie cagioni appartenuono à q́-
ſto Iddio, la prima delle hiſtorie adunque ſu quádo MAR-
te ammazza Halirthotio figliuol' di Nettuno percioche
egli haueua violata Alcippe ſua figliuola, laquale è raccó
tata da Pauſania nell'Attica, la ſeconda quando Marte ſi
giacè con Rhea Sylvia & genera Romulo & Remo, reci
tata da Tito Liuio nel primo libro della prima deca & da
Plutarcho nella vita di Romulo, la terza ſu quando Mar
te ſu preſo da Otho & Ephialte raccontata da Homero
nel quinto libro dell'Iliade, ma la prima figura ſu Euad-
ne figliuola di Marte & moglie di Capaneo come riſeriſce Meſſer Giouan'Boccaccio nel nono libro della Geneologia degl'Iddei, l'altra ſtatua ſu quella di Neriene moglie di Marte come ſcriue Aulo Gellio nel tredeceſimo
libro delle Notti attiche, & Plauto nel Truculento in per
ſona di Stratophane Soldaro dice

Mars per egre adueniens ſalutat Nerienem vxorem ſuam
Et queſto carro coſi ornato l'authore fece tirare da duoi
Lupi, animali conſecrati a' Marte ſi come ſcriue Plutar-
cho

cho nel luogo disopra detto, et messeui su vn'giouane ar
mato all'antica, fiero in vista & con armi lequali pareua-
no che ardessero & piene di Monstri spauenteuoli, & gli
dette in mano vna hasta & a canto vna spada, percioche
in questo modo lo descriue Statio nel settimo libro della Thebaide quando ei dice

Atque vbi seposita respirat cuspide Mauors

Et quel che segue. In compagnia adunque di questo car
ro l'authore messe primieramente duoi Salij Sacerdoti di
Marte ordinati da Numa Pomplio si come scriue Plutar
cho nella vita di Numa disopra detto, & Tito liuio nel
primo libro della prima Deca & gli vesti come dicono i
medesimi authori ne i luoghi disopra allegati che egli era
no vestiti; cioè di vna tonaca alzata, & sopra alla tonaca
vn corsaletto di ferro alla antica, & nella man' manca det
te loro vn di quegli scudi per vno che gli antichi chiama
rono Ancyli & nella dextra vn pugnal' per vno col quale eglino percotessero quegli scudi che eglino haueuan'
nella sinixtra, E vero che Plutarcho scriue che i Salij por
tauono i capo le celate & egli messe loro in capo duoi cap
pegli, a vso di conij si come scriue Dionisio Alicarnasseo
nel secondo libro delle hystorie Romane che portauono
del mese di Marzo quando eglino andauon' salutando et
cantando per Roma quei versi che i Romani chiamauon
Saliarij, dopo à i Salij vennero Romulo & Remo primi
fondatori di Roma, & Creduti figliuoli di Marte come
scriue Plutarcho nella vita di Romulo, & Tito Liuio nel
luogo allegato disopra, & questi vesti l'authore di pelle
di Lupi, a vso di pastori, & a Romulo fece vna acconciatu
ra di capo che vieran' su dodici capi dauoltoi et a Remo
vna che vene eran' su sei percioche à Romulo nel mon
te Palatino apparuero dodici auoltoi et a Remo sei nel
monte Auentino quando eglino pigliauon' gli augurij
per veder' chi di loro doueua nominar' Rema all' hora
nuoua città si come scriue Tito Liuio nel luogo disopra

detto

re come riferifce M. Giouan' Boccaccio nel nono libro
della geneologia degl'Iddei laquale infieme con Cadmo
fuo marito fi conuerti in ſerpente, fi come dice Ouidio
nel quarto libro delle transformationi quando ei dice,

Nuda manu ſerpens exclamat pectora coniux

Et quel che ſegue, perche l'authore finſe vna femmina
con vn collar d'oro a collo laquale fi conuertiua in ſerpẽ
te in quella maniera che Dante nel x x v. canto dello inⁿ
ſerno ſcriue che Meſſer Agnol d'Arezzo fi transmutò in
ſerpente quando egli dice

Et vn' ſerpente con ſei piè ſi lancia

Et quel che ſegue, venne dopo Hermione, Hyperuio fi
gliuol di Marte ilquale fu il primo che iſegnaſſe agli huo
mini ammazzare gli animali brutti come ſcriue Plinio
nel fettimo libro dell' Hyſt. naturale, & perciò l'authore
finſe vno huomo di afpetto fiero cõ vn coltello in mano,
& vn cauretto ſcannato incollo, ſegutò Hyperuio Etho
lo figliuol medeſimamente di Marte, ilquale fu il primo
ritrouator de dardi come fi legge appſſo a Plinio nel luo
go allegato diſopra perchel'authore finſe vn huomo d'aſ
petto fiero con duoi dardi in mano, dopo Etholo fu meſ
fa l'Ira laquale l'authore finſe vna femmina veſtita di roſ
ſo ricamato di nero, Cieca, con la ſchiuma alla bocca, che
haueua in capo per acconciatura vna teſta di Rhinocerò
te & in groppa al cauallo vn' Cinocephalo, percioche Sta
tio nel fettimo libro della Thebaide deſcriuendo la caſa
di Marte nel paeſe de Thraci trall'altre coſe ui mette ſ Ira
quando egli dice

E ſoribus cæcumqʒ nephas iræqʒ vubentes

meſſegli in capo la teſta diſopra detta pcioche il Rhino
cerhote è animale che tardi fi adira & biſogna irritarlo aſ
ſar innanzi che egli fi adiri ma quando è poi adirato di
uiene ferociſsimo perche Martiale nel prima libro de
ſuoi Epigrammi ſcriue

Sollicitant pauidi dum Rhinocerota magistri

Seq; diu martiæ colligit ira feræ.

Et quel che fegue, aggiunfegli in groppa al cauallo vn
Cinocephalo percioche egli è animale piu che alcuno
altro iracondo, finfe dipoi per la medefima cagione che
egli haueua finta l'Ira la Fraude in quel modo che la defcriue Dante nel xvii. capitol dello inferno quando egli
dice

La faccia fua era faccia d'huom giufto

Et quel che fegue, oltre a di quefti figurò le minacce feguitando pure Statio nel luogo allegato difopra, & per
quefte fece vna femmina à bocca aperta, fpauentofa in vifta & veftita di bigio fratefco ricamato di roffo &di nero
& gli dette in mano vna fpada & vn baftone, & in capo
gli fece vna acconciatura che vi era fu un moftro piu fpauentofo che fuffe pofsibile,& ordinò che con quella fpada & quel baftone minacciafle il piu che ella poteffe, dopo le minacce, vène il furore percioche il medefimo poeta lo mette nel palazzo di Marte & quefto l'authore figurò vn giouane veftito di rofefeche, roffo &fpauentofo in
vifta con le man legate di dietro con le catene à federe in
fu vn fafcio d'armi, percioche Virgilio nel primo libro
dell'Eneide fcriue

Claudentur belli portæ furor impius intus

fæua fedens fuper arma & centum vinctus a henis

Poft tergum nodis, fremet horridus ore cruento

Et quel che fegue, dopo il furore venne la morte, percio
che nella guerra niuna cofa è quafi piu certa che quefta, onde Statio nel luogo difopra detto la mette nel
palazzo di Marte, & quefta finfe l'Authore vna femmina pallida con gli ochi chiufi & veftita di nero p quel
detto de'poeti, i quali per il priuar del lume intendono
il morire, p che Virgilio nel frcōdo lib. dell'Eneide dice

De mifere neci? nunc caffum lumine lugent

Et Lucretio nel quinto libro fcriue

Dulcia

Dulcia linquebant lamentis lumina vitæ.

Et quel che segue, finse poi le spoglie percioche Statio nel medesimo luogo mette anche le spoglie, per lequali l'autho re figurò vna femmina veftita di vna pelle di Lione con vn Tropheo in mano, percioche anticamente era fegno d'He roe & di virtù il veftir di pelle di qualunque fiera, onde Vir gilio nell'ottauo libro dell'Eneide defcriuendo Euandro che fi veftiua dice

De miſſa ab læua pantheræ terga retorquens

Et quel che fegue, ma fpetial fegno di uertù era il portar' la pelle del Lione percioche di quella fi vefti Hercole pofto da ognuno per la vertù, perche dandofi le fpoglie dimoftrate peril Tropheo ordinariamente alla vertù perciò l'authore vefti la femmina che portaua il Tropheo di vna pelle di Lio ne come fi è detto, uennero poi duoi prigioni in habito di foldati alla antica feriti & legati con catene, percioche Sta tio defcriuendo il palazzo di Marte come fi è detto dice

Terrarum Eſuuiæ circum & faſtigia templi
Captæ inſignibant gentes cælataq; ferro

Et quel che fegue, & per quefta medefima cagione aggiun fe à quefte figure la forza, laquale egli finfe vna femmina ga gliarda con le corna di Toro & gli dette in mano vno Ele phante con la profcide dritta, percioche gli Egiptij volē do fignificare vno huomo forte lo dimoftrauano per vno Elephāte come fi legge appreſſo a Horo Egiptio nel fecon do libro de' fuoi Hieroglyphici, & per le corna ancora, & fpetialmente di Toro, percioche per quefti duoi animali dī fopra detti s'intende da tutti gli fcrittori la forza, onde Ca tone appreſſo à .M. Tullio nel libro della vecchiaia dice che quando egli era giouane non defideraua le forze d'vn' Toro nè d'uno Elephante, ponendo quefti duoi animali co me piu forti & gagliardi che gli altri. Vltimamente meſſe la crudeltà per la quale egli fece vna femmina tutta roſſa & fpauētofa in vifta che ftrangolaſſe vn bambino in fafcia, per cioche niuna è maggior crudeltà nè piu manifefta che vcci dere vno che non folamente non nuoce a perfona, ma non

G

può anche far male à alcuno, & questo quanto al Triompho di Marte.

Settimo Carro di Venere

INITO il Triompho di Marte venne quel di Venere ilquale fu adorno delle dipinture di quattro fauole di quest' Iddea, la prima delle quali fu quando Venère fuggendo infieme con gli altri Dei Typheo gigante, si conuerti in pefce come fcriue Ouidio nel quinto libro delle transformationi quando ci dice,

Pifce Venus latuit, Cyllenius ibidis alis

Et quel che fegue, la feconda fu quando ella prega Gioue che voglia homai por' fine agli errori & alle fatiche d'Enea recitata da Virgilio nel primo libro dell'Eneide doue ei dice

Atq; illum tales iactantem pectore curas

Et quel che fegue, la terza fu quando Vulcano piglia lei & Marte che si giaceuano infieme con vna rete che egli haueua fabricata dalla quale non era pofsibile suilupparsi, & questa è raccontata da Ouidio nel quarto libro delle transformationi doue egli fcriue

Primus adulterium Veneris cum Marte putatur

Et quel che fegue, l'ultima fu quando Giunone parla con Venere per accordarsi feco de' cafi d'Enea & di Didone, laqual fauola è raccontata da Virgilio nel quarto libro dell'E neide doue ei dice,

Egregiam vero laudem & spolia ampla refertis

Et quel che fegue, & in fu questo carro messe l'authore Venere, la defcrizzió' della quale egli cauò del tredicefimo syntagma del Gyraldo dell'hystoria degl'Iddei ilquale riferifce che nelle hystorie de'Saffoni si legge effere stato gia appreffo di loro vn tempio doue era l'immagine di Venere ignuda che haueua in capo vna grillanda di mortine, & nel petto

vna

vna faccellina accefa ,& nella man' dritta vn'mondo & nella
manca tre pomi d'or o , & questo carro difopra detto infieme con queſt'Iddea fece l'Autho re tirare da due Colombe
bianche, percioche queſt'uccello è confecrato, a Venere co
me fcriue Phornuto nel libro della natura degl'Iddei & per
ciò tira il carro fuo fi come fcriue Apuleio nel fexto libro del
le fue tranformazioni, & innanzi a queſto carro fece venire
primieramente Adone ilquale come fi legge apſſo à Oui
dio nel decimo libro delle transformationi, fu amato da Ve
nere onde queſto poeta dice,

Iamplacet & Veneri matrisქ́s Ulcifcitur ignes

Et quel che fegue , & queſti veſti l'authore riccamente ma
da cacciatore , & dopo lui vennero duoi piccoli amori l'vn
de'quali haueua le ali turchine & rofſe & allato vno arco &
vn Turcaffo dorati, & in mano vn paneretto adorno di gio
ie & pieno di pomi d'oro, & l'altro haueua le ali d'oro, & in
mano l'arco & le faette dorate & allato il turcaffo medefima
mête d'oro, nella qual'maniera fon'defcritte due coppie d'a-
mori da Philoftrato nel primo libro delle fue immagini, do
po gli amori venne Hymeneo ilquale l'authore finfe vn gio
uane di prima barba, di belliſſimo afpetto & lieto, coronato
di perfa& di varij fiori che nella man'dextra haueua vna fac
cellina accefa & nella finixtra un'uel'giallo & in piede i calzari gialli alla antica, nel qual'modo egli'è figurato da Catul
lo in quel'ode doue egli fcriue le nozze di Manlio & di Giu
lia quando ei dice.

Cinge tempora floribus
Suaue olentis amaraci

Et quel che fegue, venne dopo Hymeneo Thalaſsio, folito
inuocarfi da' Romani nelle lor nozze , la ragione ne rende
Tito Liuio nel primo libro della prima deca cioè che quando le Sabine furon'rapite da' Romani, tra le altre vergini ne
fu rapita una dalla fquadra di Thalaſsio, la qual'fanciulla era
belliſsima, la onde accioche ei non gli fufsi fatto forza , i fol
dati pér la ſtrada mentre che'la menauan'uia gridauano che
ella era di Thalaſsio, & quindi, percioche quel'maritag-

gio fu felice si cominciò nelle nozze à gridar' da Romani
questo nome Thalasio, questi adunque l'authore armò al-
l'antica con la spada allato & dettegli nella man'dextra il Pilo Romano & nella sinixtra lo scudo & di piu un corbelletto pien'di lana, percioche Festo Pompeio scriue che secondo Varrone questa uoce Thalasio nelle nozze, era segnio di
lauoro di lana, forse accennando in questa maniera, che le
spose Romane eran'chiamate non all'otio & alle delicatez-
ze, ma alla cura della casa & a i lor lauori, & sa molto bene il
ritrouator'di qsta mascherata che comunemente Giunone
era posta dagli antichi sopra alle noze, nodimeno Plutarcho
ne i Problemi Romani scriue che ne i matrimonij i Romani
inuocauò'cinq̃ Dij, Gioue adulto cioè che accresce, Giunone medesimamète adulta, Venere, la Dea della psuasione alla
quale i Romani diceuan'suadela, & Diana, piacq̃ all'authore
d'accompagniare Hymeneo & p conseguente Thalasio cò Venere, & nò cò Giunone, & cosi seguitar la sètèza di Claudia
no nello Epithalamio di Palladio & Serèna doue ci dice che
Venere sentendo il romor' di coloro che si rallegrauano di
queste nozze di Palladio, vi condusse Hymeneo,

Hanc Musa genitum legit Cytherea ducemq;

Prefecit Thalamis, nullum iim xisse cubile

Hoc sine, nec primas sas attollere tedas

Et quel che segue, dopo Thalasio venne per la ragione di
sopra detta Pitho Dea della persuasione, & anche percioche
Phornuto scriue nel libro della natura degl'Iddei che quest'Iddea era dagli antichi sempre messa con Venere, & questa l'authore figurò vna matrona in habito honesto con vna
acconciatura in capo che vi era su vna lingua, & a pie della
lingua vn'ochio ságuinoso, & in mano gli dette vna lingua
à pie della quale era vna mano, percioche gli Egiptij come
si legge appresso à Horo nel primo libro de'suoi Hierogly
phici quádo voleuon'significare il parlare che persuadesse
onde ne seguisse poi l'operationi, lo dimostrauon'per qsti
duoi segni disopra detti, dopo à Pitho vène Paride, ilquale
il ritrouator'di qsta mascherata sece vestire à vso di Pastore

ma

ma riccamente, & gli dette in mano vn pome d'oro in sul'
quale era scritto DETVR DIGNIORI,
E nota la Fauola che Paride essendo eletto giudice da Vene
re, Giunone, & Minerua accioche egli giudicasse chi di lo-
rò douesse hauer quel pome che la discordia nelle nozze di
Peleo & di Tethide haueua gettato tra queste tre Dee, percioche ella non vi era stata chiamata insieme con gli altr'Iddei, egli giudicò ch'ei douesse esser di Venere, perche l'authore lo messe nel triompho suo & gli dette in mano quel
pome d'oro, dopo Paride venne la Concordia laquale l'authore figurò vna donna bella che mostraua grauità & nella
man'dritta haueua vna taza &'nella manca vno sceptro che
haueua frutti, & fiori d'ogni maniera, & in capo gli messe
vna grillanda di melagrano con le foglie & con i frutti, &
vna'acconciatura in capo che vi era su vna Mulachia, percio
che nelle medaglie antiche la Concordia si vede scolpita in
questa maniera, dopo la Concordia venne lo Dio degli Hor
ti ilquale l'authore messe nel Triompho di Venere percioche gli Horti sono sotto la protettion'sua si come scriue Mar
co Varrone nel quinto libro della lingua latina, & lo finse
vn'huomo con la barba vestito di'verde & che in vn'lembo
della veste haueua d'ogni sorte frutti & nella mã'dritta vna
falce & nella manca vn corno di douitia, nel qual'modo egli
è descritto da Phornuto nel libro della Natura degl'Iddei, se
guitò la Concordia Manturna Iddea, laquale come scriue S.
Agostino nel sexto libro della citta d'Iddio gli antichi inuo
cauano accioche la sposa stesse appresso al marito, & questa
figurò l'authore vna giouane vestita honestamente, laquale haueua in capo vn dado che vi era su vna ossatura di Co-
turnice & in mano haueua vno altro dado simile al primo,
percioche Horo Egiptio ne'suoi Hieroglyphici scriue che
gli antichi quando ei voleuon'significare la fermeza & la si
curtà la dimostrauon' per le ossature disopra dette, percioche le son'mosse & alterate con difficultà, appresso à Manturna hebbe luogo l'amicitia della quale Venere ha cura si
come scriue Hesiodo nella Theogonia, la cui descrizzione
ino? l'authore

l'authore cauò dal primo synatgma del Gyraldo dell' historia degl'Iddei, il quale riferisce hauer letto in certe sentenze
Hebree che appreßo agli antichi l'amicitia si dipigheua vna
giouane con il capo scoperto vestita rozamente, & in torno
alla vesta haueua scritto MORS, ET, VITA, & nel
la fronte haueua scolpito il verno & la state, haueua il petto
aperto di maniera che si vedeua il cuore in sul quale era scrit
to LONGE, ET PROPE, & con il dito dimostra
ua quelle lettere, & à questa figura l'authore aggiunse vna
grillanda di mortine & di melagrano con i frutti intrecciate
insieme & in mano vno Olmo secco con vna uite fresca che
lo abbracciaua & copriua, & questo percioche la melagrana per la vnione delle tante sue granella con tanto & si bel-
lo ordine, era posta appreßo agli antichi Hebrei per la Con
cordia nel manto del sommo lor sacerdote, & la mortine è
consecrata à Venere si come scriue Plinio nel dodicesimo li
bro della Hist: naturale & Venere è ancora dea della Cõcor
dia come scriue il medesimo Plinio nel quindicesimo libro
dell'Historia naturale & Democrito appreßo al Pierio dice che la mortine, & la melagrana si amon'tato che se bene
le radici dell'una son poste alquanto discosto dalle radici del
l'altra elle si accostano & intrecciano insieme, & per mostra
re che l'amicitia debbe ancora conseruarsi dopo la morte gli
aggiunse in mano la vite fresca che abbracciaua, & copriua
l'Olmo secco, il che dimostra la perpetuità dell'amicitia come si legge in vno Epigramma Greco delquale fa mentione il Gyraldo nel primo Syntagma dell'Historia degl'Iddei
& pche Venere comunemète da tutti gl' antichi gentili su
tenuta Dea del piacere, il quale è comune all'honesto & al di
sonesto, perciò l'authore uolendo finger l'una & l'altra ma
niera del piacere finse due femmine appiccate l'una all'altra
di maniera che le si uolgesin'le stiene, & da man'manca mes
se il piacer dishonesto la descrition' del quale egli cauò del
dicianouesimo canto del purgatorio di Dante doue ci dice,

   Mi venne in sogno vna femmina balba
   Con gli ochi guerci & soũ'à i pie distorta

                         Con

Con le man'monche, & di colore scialba

Et poco di sotto nel medesimo capitolo dice,

L'altra prendeua & mostraua il ventre

Quel mi sueglò col puzzo che n'usciua

Ma per il piacere honesto egli finse Venere chiamata dagli
antichi nera, non per altra cagione secondo che scriue Pau
sania nell'Arcadia se non percioche è son'certi piaceri i qua
li gli huomini posson' pigliare honestamente solamente di
notte & copertamete, la doue gli animali senza ragione gli
piglion' di giorno senza curarsi d'esser' ueduti da tutti, & p
qsta Venere disopra detta egli finse vna bella giouane vesti
tà di nero honestamete, & la cinse cō vn'cintol'd'oro & orna
to di gioie si come è descritto da Homero in piu luoghi del
l'Iliade, il Cesto di Venere, ilquale dimostraua che Venere
era allhora honesta è lodeuole quãdo ella era ristretta dẽtro
agli ordini delle leggi significate dagli antichi p'ql' cinolo,
& p qsta medesima cagione l'autore gli messe i mano vn fre
no, & vn'brac. da misurare p dare adintédere che ancor'den
tro a termini delle leggi i piaceri debbono esser moderati &
ritenuti, seguitò il piacere la Déa Virginense dellaquale par
la S. Agostino nel quarto libro & nel sexto della città d'Id
dio & dice che ella era vna Dea laquale inuocáuano gli ánti
chi gentili nelle nozze acciache ella aiutasse sciorre il cinto
lo alla sposa, era antico costume che le vergini si cigniessero
cō vn'cintol'di lana ilquale gli scioglieua lo sposo la sera che
ella ne andaua à marito come scriue Festo Pompeio, & a q
sto allude Catullo nello Epithalamio di Manlio & di Giu
lia quando egli dice

Te suis tremulus parens

Inuocat: tibi Virgines

Zonula soluunt Sinus

Et quel che segue, & p qsta Dea l'autore finse vna giouane
vestita di pāno lino biáco cō vna acconciatura in capo che ui
era sù vn gallo, & vna grillanda di smeraldi & in una mano
gli dette vn cintol'di lana & nell'altrō vn ramo di Agnoca
sto, il che fu fatto percioche il gallo appresso agli antichi sil
gnificaua

gnificaua la purità dell'animo laquale par'che s'appartenga
a questa Dea, onde Pythagora comandaua a suoi scolari che
douesser'nutrire il Gallo cioè la purità & sincerità dell'ani
mo loro,& Socrate nel Phedone sentendosi vicino alla mor
te dice che debbe sacrificare vn' Gallo à Esculapio, percioche gia sentiua l'animo suo douersi partir' dal corpo,ilqua
le come scriue Platone nel Cratylo è cagione all'animo di
tutti i mali,& così l'animo suo douer' ritornar' puro & sincero come egli era prima,innanzi che egli scendesse nel cor
po,& la grillanda di smeraldi gli su messa in capo & datogli
in mano il ramo d'Agnocasto, perciocheda tutti gli Astro
logi lo Smeraldo è consecrato a Venere Celeste dalla quale
si come da cosa diuina non può venire cosa alcuna se non pu
ra & candida, onde da molti egli è posto per segnio della vir
ginità,& per questa medesima cagione gli su dato in mano
il ramo d'Agnocasto, dopola Dea Virginense venne la bellezza di cui Venere su creduta Dea dagli antichi, & questa
figurò l'authore vna fanciulla ornata quanto su possibile co
vna acconciatura in capo piena di gigli & in mano gli dette
rami d'ogni maniera di gigli, significando per la varietà &
vagheza di quel fiore la bellezza, dopo alla Bellezza venne
Hebe Dea della giouétù per la quale l'authore finse vna fan
ciulla coronata d'una corona d'oro & vestita riccamente,p
cioche così è descritta Hebe da Hesiodo nella Theogonia,et
gli su dato in mano vn'ramo di mandorlo fiorito perciocche
il mandorlo è il primo albero che fiorisce & da speranza an
cora della abondanza degli altri srutti,onde Virgilio nel pri
mo della Georgica dice

Contemplator item cum se nux Plurima siluis
Et quel che segue, così come i giouani son' presti & veloci
nelle loro operationi, & pieni di speranza,perche Horatio
nella sua poetica descriuendo la natura de i Giouani dice

Sublimis,velox,& amata reliquere pernix
Vltimamente venne l'allegrezza laquale l'authore finse vna
fanciulla vestita lictamōte cō vna grillāda di fiori & che nel
la man'dritta haueua vn Thyrso coronato dal principio alla
fine

fine di frondi & di grillande di fiori, & nella man'manca vn
corno di douitia, percioche ella è scolpita cosi nello medaglie di Faustina con il suo titolo Hylaritas, & questo giudi
cò il ritrouator' della mascherata che bastasse al Triompho
di Venere:

Ottauo Carro di Mercurio

OPo il Triompho di Venere passò quel di
Mercurio ilquale l'authore adornò come
haueua fatto gli altri di dipinture delle Fa
uole di questo Dio, la prima delle quali
fu quando per ordine di Gioue ei coman
da a Enea che era in su le mura di Cartha-
gine, che si parta di quiui & vengasene alla volta d'Italia, ilche scriue Virgilio nel quarto lib. dell'Eneide quãdo ci dice

Vt primum alatis tetigit Magalia plantis

Et quel che segue, l'altra fu quando egli conuerte Aglauro
figliuola di Cecrope Rè d'Athene in sasso, recitata da Ouidio nel secondo libro delle transformationi doue ci dice

Deniq; in aduerso venientem lumine sedit

Exclusura deum: cui blandimenta precesq;

Et quel che segue, la terza fu quando per comandamento
di Gioue ei cõficca Prometheo a duoi scogli del monte Cau
caso recitata da Luciano ĩ ĩl dialogo che egli intitola Prome
theo, la quarta fu quãdo cõuerte Batto in ĩlla pietra che noi
chiamiamo Paragone, laqual' fauola è raccõtata da Ouidio
nel secondo libro delle transformationi quando ei dice

Risit Atlantiades & me mihi perfide prodis?

Et quel che segue, l'ultima fu quando per comandamento
di Gioue egli ammazza Argo Pastore che guardaun Io con
uertita da Gioue in vna Giouenca biãca, raccontata dal me
desimo Ouidio nel primo libro delle transformationi quan
do ei dice

Sedit Atlantiades: & euntem multa loquendo

H

te il dottissimo Messer Leonbatista Alberti nel nono libro
della sua Architettura, & in su questo pentagono l'authore
fece metter' parechi monti di sassi, percioche era costume
degli antichi quado passauono dalle statue di Mercurio git-
targli à piedi de sassi, di maniera che sempre a i piedi delle sta
tue di Mercurio eran di moli monti di sassi come riferisce
Phornuto nel libro della natura degl'Iddei, doue egli rende
anche la ragione perche gliantichi hauessero questa vsanza,
in su questo Carro adunque l'authore messe Mercurio, la
cui descrizzione egli cauò del decimo libro delle trasformationi d'Apuleio, cioè un giouainetto ignudo ma che haueua
addosso vn panno che gli copriua la spalla manca, con i cape
gli d'oro & tra i capegli certe penne d'oro congiunte insieme', & in mano haueua vna bachetta & il Caduceo, su adun
que il carro doue era su questo Dio tirato da due Cicognie
vecegli consecrati à Mercurio, percioche quell'vccello che
è chiamato Ibide è vna spetie di Cicogna laquale nasce in
Egitto come scriue Aristotele nel nono libro dell'Historia degli animali doue questo Dio regnò, & dette à quei po
poli le leggi & insegnio loro le lettere come scriue Marco
Tullio nel terzo libro della natura degl'Iddei & volle che la
prima lettera dell'Alphabeto fusse l'Ibi si come scriue Plutarcho nel libro d'Iside & Osiride, perche Ouidio nel quin
to libro delle transformatiom scriue che Mercurio fuggendo insieme con gli altri Iddei l'impeto di Tiphseo gigate, si
conuertì in Cicognia,

Pisce Venus latuit, Cyllenius Ibidis alis
Et quel che segue, Incompagnia adunque di questo Carro
l'authore messe primicramente Argo Pastore che haueua
cento ochi, ilquale su ammazzato da Mercurio come è cosa
nota, & poco disopra si è detto, dopo Argo venne Maia ma
dre di Mercurio come dice Marco Tullio nel luogo allega-
                                                      to

to di sopra, laquale egli figurò vna fanciulla di venticinque
anni vestita riccamente con vna vite sopra'l capo,& gli det
re in mano vnó scettro reale &intorno gli mese parechi ser
penti che paresin'dimestichi, il che fu fatto da lui percioche
si come scriue Macrobio nel primo libro de'Saturnali, i Beo
ti dissero che Maia fu figliuola di Fauno & essendo innamo
rato il padre di lei & non volendo ella acconsentirsese ancor
che egli la battesse con vna bachetta di mortine,& la tentasse
poi anche con il vino,& non giouando alcuna di queste co
se, egli finalménte si conuerti in serpente,& cosi giacque cõ
lei, onde nel tempio suo non si poteua portar' mortine , &
sopra il capo della sua statua era tirata vna vite , percioche il
padre la volle ingannare co'l vino , & i serpenti nel tempio
disopra detto erà dimestichi di maniera che eglino nõ teme
uono alcuno ne eran' temuti da niuno,& lo scettro reale gli
fu dato in mano percioche si como scriue il medesimo Ma
crobio fu da molti creduto, che ella hauesse il medesimo
potere che Giunone, dopo Maia venne la Palestra, o voglia
mo dir Lotta figliuola di Mercurio come scriue Philostrato
nel secondo libro delle Immagini laquale l'authore figurò
vna fanciulla ignuda che cominciaua a metter' le poppe , &
era di sguardo fiero,& haueua i capegli corti di maniera che
ella non si gli poteua auuolgere intorno al capo & era ador
na tutta di rami d'vliuo, nel qual modo ella è figurata da Phi
lostratto nel luogo allegato disopra, dopo la Palestra, o Lot
ta venne l'Eloquéza, percioche Mercurio come scriue Phor
nuto nel libro della natura degl'Iddei è Dio della Eloquen
za,& questi l'authore figurò vna matrona vestita di habito
honesto che haueua in capo vn Pappagallo,& la mã' dextra
aperta seguitando la Sentenza di Zenone Stoico, ilquale di
ceua che la Loica era simigliante à vna mano chiusa , percio
che ella procedeua strettamente , & la Eloquenza era simi
gliante a vna mano aperta, percioche ella si allargaua & dif-
fondeua assai piu che la Loica, dopo l'Eloquenza vennero
le tre Grazie, percioche si come scriue Phornuto nel libro
della natura degl'Iddei le Gratie si danno per compagne, à

Mercurio, percioche le vogliono esser fatte con arte & con
giuditio, & per queste l'authore finse tre fanciullette coper
te d'un sottilissimo velo, si che di sotto à quello apparisse lo
ignu lo come comunemete le son figurate da tutti, Venero
dopo le Grazie i duoi Lari i quali egli vesti di pelle di can'&
dette loro vn'cane à man' per uno, percioche cosi son' descritti da Plutarcho ne i Problemi Romani, doue egli rende
anche la ragione, perche eglino fussero da' Romani finti In
questa maniera seguitò i Lari l'arte, percioche come scriue
Phornuto nel luogo allegato disopra, Mercurio è DIO
dell'arte, & perciò l'authore, la dette incompagnia al suo tri
ompho, & la finse vna figura d'una matrona con vna mano
uella, & vna lieua in vna mano, & nell'altra vna fiamma di
fuoco, percioche tutte l'arti che vsono instrumenti & ma
chine, che son la maggior'parte di loro riducono la forza di
tutte le lor'machine al cerchio & dà lui riceuon la forza per
cioche tutte si uaglion' della manouella, & della lieua lequa
li hanno la forza loro dalla bilācia & questa la ha dal cerchio
si come scriue Aristotele nel libro delle Mechaniche, & la
fiamma del fuoco gli su data in mano per la medesima ratio
ne, percioche la maggior'parte dell'arti si seruon del fuoco
& innāzi che'si trouasse l'uso di ōllo, non si sapeua fare arte
alcuna, seguitò l'arte Auctolico figliuol di Mercurio, & di
Chione Nimpha ladro sottilissimo, si come scriue Ouidio
nell' undicesimo libro delle sue transformationi quando ei
dice,

Forte reuertentes Phæbus Maiaq́; creatiue,

Et quel che segue, questi scriue Seruio nel suo commento
sopra il secondo libro dell'Eneide dichiarando quel uerso
di Vergilio

Hoc primum: nec si miserum fortuna sinonem

Et quel che segue, che'si transformaua in varie forme per ru
bare, & su messo dal ritrouatore della mascherata in questo
triompho, percioche Mercurio su tenuto dagli antichi gē
tili Dio anche de' Ladri, onde Horatio nel primo libro del-
l'Odé scriue

Callidum

Callidum quidquid placuit iocoso
Condere furto,

Et ql che segue, & q̃sti l'autore vesti di habito spedito cõ vn pappafico in capo & le scarpe di feltro, & dettegli in mano vna lanterna da ladri, vn'grimaldello, & vna scala di corda, & gli adornò l'habito di quella maniera di pecchie che senza voler' durar' fatica alcuna consumano il mele che con le fatiche loro hanno fatto l'altre pecchie, si come i ladri ancora voglion' consumar' la roba che gli altri huomini acquistano con i lor' sudori, ò posseggono p essere stata lasciata loro da i lor' maggiori, & di questa maniera di pecchie ragiona Virgilio nel quarto libro della Georgica quando ei dice

Aut onera accipiunt venientum, aut agmine facto
Ignauum fucos pecus a praesepibus arcent

Et quel che segue, Vltimamente venne l'Hermafrodito figliuol' di Mercurio, & di Venere: come scriue Ouidio nel quarto libro delle transformationi quando ei dice

Mercurio puerum diua Cythereide natum

Et quel che segue, & questi l'authore finse vn giouane da mezo in su fanciulla & da mezo in giu huomo, & qui finì il triompho di Mercurio.

Nono Carro della Luna

INITO il Triompho di Mercurio, venne quel' della Luna, ilquale l'authore adornò delle dipinture di quattro fauole di questa Dea, delle quali la prima fu quando ella fuggẽdo il furor' di Typheo gigãte si conuerti in Gatta, laquale racconta Ouidio nel quinto libro delle transformationi quando ei dice

Fele soror Phœbi, niuea saturnia vacca

Et ql che segue, l'altra fu quãdo ella abbraccia & bacia Endimione Pastore, ilquale ella amaua, mẽtre che ei dormiua in su'l monte Latmo in Caria, y della quale fa mentione Mar-

ro Tullio nella prima quistione Tusculana, la terza fu quan
do Pan dona alla Luna quella lana bianca , & la conduce in
una selua per giacersi seco, della quale parla Vergilio nel ter
zo libro della Georgica quando ei dice

Munere sic niueo lanæ (Si credere dignum est)

Et quel che segue , l'ultima fu quando Endimione pasce il
gregge biáco della Luna & per questo merita d'esser'riceuu
to in gratia da lei, il che narra Messer Gioüan'Boccaccio nel
quarto libro della geneologia degl'Iddei, & in su questo car
ro, il ritrouator' di questa mascherata messe la Luna , laqua
le egli finse come la descriue Pausania nella Achaica, vna sem
mina vestita di vn'sottil' velo & bianco che la copriua tutta,
& nella man'manca haueua vna saccellina accesa , & porgeua la man'dextra aperta, & sece tirare il Carro di questa bea
a duoi cauagli de'quali ne era vn'bianco & l'altro nero, si co
me riferisce Messer Giouan'Boccaccio nel'luogo disopra al
legato che tutti i poeti dicono che il Carro della Luna è tira
to, & in compagnia di questo triompho l'authore messe
primieramente Endimione Pastore, amato dalla Luna come si è detto disopra, & a questi messe in capo vna grillanda
di Dittamo , laquale herba è consecrata alla Luna, percioche ella aiuta marauigliosamente le donne à partorire si come scriuono Theophrasto nel nono libro dell'Historia delle piante & Dioscoride nel terzo lib. della materia medica, ol
tre à di questo gli su dato in mano vn'monte che vieran' su
quattro città & di molti scorpioni, percioche tante ne erano in su'l monte Latmo doue egli s'addormetò, si come scri
ue Plinio nel quinto libro della Hist: naturale, & gli Scorpioni in su quel monte non son'velenosi come scriue il medesimo authore nel nono libro della historia naturale, segui
tò Endimione il Genio buono, per ilquale fu finto vn fanciullo con bellissimi capegli coronato di Platano, & che haueua in mano vn serpente nella qual'maniera ei si vede scol
pito nelle medaglie antiche, appresso al Genio buono fu
messo il Genio cattiuo in quella maniera che scriue Plutarcho che egli appari a Marco Bruto occisor' di Cesare, cioè

vn

vn'huomo grande, nero, & spauentoso in vista, con la barba
& i capegli lunghi & neri, & à questi l'authore dette in ma
nò vn Gufo vccello sempre di cattiuo augurio, onde Virgilio nel quarto libro dell'Eneide dice

Solaq; culminibus ferali carmine Bubo
Sæpe queri, & longas in fletum ducere voces

Et quel che segue, & Ouidio nel quinto libro delle transfor
mationi dice

Fædaq; sit volucris venturi nuntia luctus
Ignauus bubo, dirum mortalibus omen

Et quel che segue, dopo il Genio cattiuo venne lo Dio Va
ticano ilquale era inuocato dagli antichi per il pianger de'
bambini, alquale i Romani diceuan Vagire, & di questo Id
dio fa mentione Aulo Gellio nel sedicesimo libro delle
notti Attiche, & questi fu vestito di habito honesto, &
di color tanè & datogli in collo vn bambino in fascia che pia
gnieua, appresso à questi venne Egeria laquale inuocauan
le donne antiche quando eran grauide, percioche con l'aiu
to suo credeuon partorir piu ageuolmente, & di questa
Dea fa mentione Festo Pompeio, perche l'authore la finse
vna giouane vestita di vna veste di varij colori che risplédes
se & gli dette in mano vna chiaue & vna pietra pregna, per
cioche l'apriua la via al parto accioche ei venisse à luce, do
po Egeria venne Nundina, laquale gli antichi inuocauano
il giorno che eglino poneuono il nome a i bambini, che a i
maschi si poneua il nono giorno dal di che eglino eran nati
& alle femmine l'ottauo, come si legge appresso à Plutarco
ne' Problemi Romani & appresso à Macrobio nel primo li
bro de' Saturnali, & questa figurò l'authore vna femmina
d'aspetto venerando con vna acconciatura in capo che vi era
su dal lato manco vna mano che haueua il dito grosso, &
quel che gli era appresso ritti & gli altri tre serrati, nel qual mo
do gli antichi segniauon con le mani il numero del noue, &
gli dette in mano vn ramo d'alloro & vn vaso da sacrifizij p
cioche quel giorno era appresso agli antichi gentili Lustri-
co cioè purgatiuo, come si legge appresso agli scrittori di so

pra detti, dopo Nundina venne Vitumno, ilquale gli antichi Romani credettero che desse la vita all'huomo quando
ei nasceua si come scriue S. Agostino nel settimo libro della
città di Dio, & questi l'authore figurò così, primieramente
fece un'ochio apto, pcioche si come è detto disopra gli antichi p gliochi apti significauã la vita, & à piè di qll'ochio messe la testa d'un bãbino & a piè di ãsta messe la testa dũ vechio
& dopo il vechio messe uno sparuiere cõ l'ali apte, & à piè di
ãsto un'pesce, & dopo il pesce uno Hyppopotomo, pcioche
si come scriue Plutarcho nel lib. d'Iside & Osiride in Sai cit
tà d'Egitto era un'Tépio di Minerua, & nel'pãdrone di ãsto
tépio era una pietra doue erão intagliate le cose di sopra dette per dimostrare il corso della vita humana, doue egli rende la ragione ancora perche gli Egittij significassero per ã-
sti segni la cõditione della vita dell'huomo, dopo Vitumno
seguitò Sentino, ilquale gli antichi dissero che daua all'huomo quando ei nasceua tutti i sentimenti come scriue S. Agostino nel settimo libro della città d'Iddio, & questi l'authore
figurò un'giouane vestito di bianco che haueua una acconciatura in capo che vi era su un'ragnatelo, la testa d'una ber-
tuccia, la testa d'uno auuoltoio, quella d'un cigniale & quella d'un Lupo Ceruiero, seguitando la comune oppenione
che ciaschedun' di questi animali habbi un'senso più acuto
& più exquisito che non ha l'huomo, onde si legge quel di-
stico

Nos aper auditu, lynx visu, simia gustu
Vultur odoratu superat aranea tactu

Dopo Sentino l'authore fece uenire Edusa, & Potina delle
quali dice S. Agostino nel quarto lib. della città d'Iddio che
le haueuã cura del manicare & del bere de'bambini, perche
l'authore finse due scmmine in habito di nimphe, delle quali la prima haueua le poppe grandi & in mano un nappo in
su'l quale era un pane & l'altra haueua in mano un vaso piẽ
d'acqua, vltimamente venne Fabulino del'quale ragiona
Marco Varrone appresso al Gyraldo nel primo Syntagma dell'Historia degl'Iddei, ilquale era inuocato dagli

an

antichi quando i bambini cominciauono a fauellare, & que
sti finse l'authore vn giouane vestito di varij colori con vna
acconciatura in capo piena di Fringuegli & di Cutrettole,
percioche quest'vccegli hanno il canto interrotto & acuto
come è il parlar' de' bambini quando ei cominciano da prima a fauellare, & questo quanto al trionpho della Luna.

Decimo Carro di Minerua

INITO il Triompho della Luna cominciò
quel di Minerua, ilquale l'authore finse di
bronzo in forma di triangolo che haueua
tre lati vguali, & in su questo carro era
vna basa medesimamète di bronzo, & del
la medesima forma che era il rimanète del
carro, percioche Paufania nell'Attica scriue che gli Athenie
si nel tempio di Minerua secero vn carro di bronzo delle de
cime che eglino trassero delle prede de' Beozi & de' Chalci-
dési, & secelo l'autore in forma di triangolo di tre lati pari,
percioche Plutarcho nel libro d'Iside & Oside scriue, che
gli antichi Pithagorici chiamarono Pallade triangolo di tre
lati vguali, & adornò primieramente la basa ch'era in su que
sto carro delle dipinture di tre Fauole che appartengono à
questa Dea, delle quali la prima su quando Pallade nasce del
capo di Gioue come scriue tra gli altri Phornuto nel libro
della natura degl'Iddei, la seconda su quando Pallade adorna Pàdora, recitata da Hesiodo nella Theogonia, la terza su
quando Minerua conuerte i Capegli di Medusa in serpenti
raccontata da Ouidio nel quarto libro delle transformationi quando ei dice

Accipe quesiti e aufam, e larissima forma
Et quel che segue, ma il rimanente del Carro in su'l quale
era ferma la basa, era adorno primieramente della dipintura
di quella fauola quando Nettunno & Pallade disputono in
sieme chi di loro debba nominare Athene, & che Pallade p

I

hauer' fatto nafcer' della terra l'vliuo, ottiene la vittoria, &
nomina quella città Athene dal nome fuo, laquale racconta tra gli altri Paufania nell'Attica, nell'altro lato del Carro
fu dipinta quella Fauola che fcriue Ouidio nel fexto libro
delle transformationi cioè quando Pallade conuertita in
vna vecchia fisforza perfuadere à Arachne che voglia cede
re à Pallade nel ricamare & non voglia contender' feco, il ter
zo lato del carro fu adorno della dipintura di quella Fauola
quando Minerua vecide Tiphone gigante recitata da Phor
nuto nel libro della natura degl'Iddei, & in fu quefto Carro
cofi adorno fu mefta Minerua dritta, & armata alla antica,
con vna vefte fotto l'armi lunga infino à piedi, & nel petto
haueua fcolpita vna tefta di Medufa, & fopra à quella tefta
haueua fcolpita pur nel petto vna vittoria, & in capo haueua vna celata all'antica in fu'l mezo della quale era vna fphin
ge, & da ciafchedun' de'lati della celata era fcolpito vn'Gry-
phone, & in mano haueua un'hafta che nell'ultima parte ha
ueua auuolto vn'drago, & à piedi di quefta figura era pofto
uno fcudo di Chriftallo, nella qual' maniera ella è defcritta
da Paufania nell'Attica, fu adúque il Carro in fu'l quale era
Pallade nella forma difopra detta, tirato da due Ciuette, vc-
celli confecrati, a Minerua', fi come fcriue Phornuto nel li
bro della natura degl'Iddei, in compagnia adunque di quefto Carro l'authore meffe primieraméte la vertù, per laqua
le egli finfe vna femmina con l'ali, giouane, veftita honefta-
mente, & fenza ornamento alcuno, percioche la vertù per
fe fteffa è atta à farfi amare & honorare, & fi contenta di fe
fteffa, onde Silio Italico nel tredicefimo libro della feconda
guerra Carthaginefe dice

Ipfa quidem virtus fibimet pulcherrima merces

Aggiunfe li l'ali, percioche cofi fi vede ella fcolpita in molte
medaglie antiche, & anche p dimoftrare che ella leua l'huo
mo in alto & fallo fimigliante a Dio, dopo alla Vertù venne
l'Honore, ilquale l'authore finfe vn'huomo d'afpetto vene
rando veftito di luchefino & coronato di palma con vn'col
lar' d'oro à e ollo, & maniglie medefimaméte d'oro alle brac
cia

cia, & nella man'dextra gli dette un'hasta, & nella sinixstra
vno scudo che vi eran dipinti sù duoi tempij dell'vn'de quà
li si poteua entrar'nell'altro & non per alcun'altra uia, la cagione adunque perche egli messe l'Honore in compagnia
di Pallade & dopo la Vertù sù, percioche l'Honore da' Romani sù riputato Dio & dedicatogli tempij come si vede ma
nifestamente nel terzo libro della settima Deca di Tito Liuio, doue egli dice che Marco Marcello era tenuto sospeso
dalla religione, percioche hauendo egli per la guerra de Frá
zesi fatto voto di fare vn tempio alla Vertù & all'Honore', i
Pontefici non lo lasciauan consagrare dicendo che vn'mede
simo tempio non si poteua rettamente dedicare à duoi Dei,
messelo nel triompho di Minerua, percioche gli antichi gé
tili credettero che ella fusse la Dea delle guerre& delle scien
ze, & per cialcheduna di queste due uie pur'che gli huomini s'acquistin' piu honore che per alcun' altra, finselo senza
cosa alcuna in capo, da vna grillanda di palma infuori, percio
che Plutarcho ne' Problemi Romani scriue che l'Honore è
vna cosa splendida, illustre, chiara & manifesta à ognuno, p
che i Romani gli faceuan'sacrifizio con il capo scoperto, ve
stillo di luchesino, percioche la porpora appresso agli antichi era segnio d'Honore, onde i Rè sene vestiuono, per la
qual'cosa l'Alciato ne'suoi Emblemati dice,

Stet depictus honor Tyrio velatus amictu,

Messegli in capo la grillanda di palma, percioche si come scriue Aulo Gellio nel terzo libro delle Notti Attiche, la palma
è segnio di vittoria, percioche se' si pone sopra il legnio suo
vn peso quantunque graue, egli non cede ne si piega, ma s'i
nalza verso quel'peso che lo preme, onde per esser l'Honore figliuol'della vittoria come scriue Messer Giouan'Boccac
cio nel terzo libro della geneologia degl'Iddei, parue conue
neuole ornarlo delle insegnie della madre; dettegli in mano
l'hasta & lo scudo disopra detti, percioche l'haste furono in
segna degli antichi Rè in luogo della corona, onde Virgilio
nel sexto libro dell'Eneide descriuendo Enea Syluio Rè
d'alba dice

Ille (vides) pura Iauenis qui nititur hasta

Et quel che segue, & nell'ottauo libro pur dell'Eneide in
ducendo Palla figiuol d'Euandro che uoleua andare incon
tro à Enea dice

Consurgunt menﬁs, audax quos rumpere Pallas

Sacra vetat: raptoq; volat telo obuius ipse

Et quel che segue, lo scudo con i duoi tempij che nell'vn di
quegli non ﬁ poteua entrare se non per l'altro gli fu dato in
braccio, percioche Meﬀer Giouan Boccaccio scriue nel luo
go diſopra detto che in Roma nel tempio dell'honore non
ﬁ poteua entrare se non per il tempio della vertù, per dimo
ſtrare che quello ſolamēte è vero honore che naſce dalla ver
tù, le maniglie alle braccia, & il collar d'oro à collo gli furon
dati, percioche queſti ornamenti eran' ſegno d'honore, &
dauon ſi da i Romani p premio, a chi s'era portato nelle guer
re valoroſamente, ſi come ſcriue Plinio nel xxxiii. libro del
la Hiſtoria naturale, dopo l'Honore venne la Vittoria, percioche Phornuto ſcriue nel lib. della natura degl'Iddei, che
gli antichi dettero la vittoria in compagnia à Minerua, & p
queſta l'authore finſe vna fanciulla con vna grillanda d'allo
ro, & in mano gli dette vn'ramo di palma come ella ﬁ vede
ſcolpita nelle medaglie, & ne' marmi átichi, è vero che il piu
delle volte la ﬁ vede finta con l'ali ma piacque all'autore fin
ger la ſenza eſſe come ſcriue Pauſania nell'Attica che era ſat
tà vna ſtatua della vittoria in vna cappella che era nella roc-
ca d'Athene, ſeguitò la Vittoria la buona Fama per laquale
il ritrouator'della maſcherata finſe vna fanciulla veſtita d'ha
bito ſpedito có l'ali bianche, che haueua in mano vna trom
ba, laquale è ordinariamente inſegna della Fama, & gli fece
l'ali bianche, percioche eſſendo la Fama di due maniere buo
na & cattiua, la cattiua era finta dagli antichi con l'ali nere,
perche Claudiano nel libro della guerra Getica dice contro
à Alarico,

Famáq; nigrantes ﬁte cinta pauoribus alas

Et quel che ſegue, percio l'authore volédo fingere la Fama
buona gli ſe ce per il contrario l'ali bianche, dopo la Fama fu

fatto

fatto venir la Fede, la quale l'authore vesti di vn vel bianco che riluceua & gli copriua il volto & le mani, & in collo
gli dette vn cagnuol bianco, il che sece il ritrouator' di questa mascherata, percioche Dionysio Alicarnasseo nel secondo libro delle Hystorie Romane dice che Numa Pompilio
fù il primo che dedicasse vn Tempio alla Fede publica, & or
dinò ch'ei segli facesser' sacrifizij alle spese del publico, & p
che la Fede vuole esser' coperta & segreta, si come dice Silio
Italico nel secondo libro della guerra Carthaginese quãdo
ci dice,

Sic igitur capta occultans, ad limina sanctæ
Conciudit fidei, secreta is pectora tentat
Arcanis dea læta, polo tum forte remoto

Et quel che segue, perciò l'authore gli sece copvire il volto
& le mani, & perche la Fede vuol esser' candida & pura egli
la vesti di bianco, seguitando la sentenza d'Horatio nel primo libro dell'Ode quando ci dice

Tespes, & albo rara fides colit
Velata panno, nec comitem abnegat

Et quel che segue, & Virgilio nel primo libro dell'Eneide
scriue,

Cana fides & vesta, Remo cum fratre Quirinus

Et quel che segue, dettegli il cagnuol' bianco in collo, per
cioche Plinio nell'ottauo libro dell'Historia naturale scriue
che' cani son fedelissimi agli huomini, il che egli proua con
molti essempij, tra' quali egli racconta quel del cane di Tito
Sabino, veduto in Roma nel consolato d'Appio Iunio, &
Publio Silio, & questo è che essendo messo in prigione Tito
disopra detto, non si potette mai far' partir' quel cane dalla
prigione doue il padrone era rinchiuso; & essendo egli poi
gettato giu dalle scale gemonie onde si vsauan' gettare in ro
ma quegli che eran' condénati dalla Giustitia, quel cane sta
ua intorno il corpo del padrone urlando, & essendogli da
certi dato da manicare egli lo portò alla bocca del padrone
morto, & quando il corpo del padrone su gettato in Teuere, come ordinariamente si gettauano i corpi di coloro che
Ho

eran' gettati giù dalle scale gemonie, il cane gli si gettò dietro in Teuere & cercaua di reggere il corpo del padrone accio che egli non andasse à fondo, dopo la Fede venne la salu
te, laquale era adorata come Dea da' Romani onde Tito Liuio nel nono libro della prima deca scriue che Lucio Itinio
Bubulco Censore dette à fare vn'tempio alla Salute, laquale
l'authore figurò vna fanciulla, che haueua nella man' dextra
vna Taza, laquale ella porgeua à vn' serpente, & nella man'
manca vna bachetta, nel qual'modo ella si uede scolpita in
certe medaglie antiche d'Antonin' Pio con il suo titolo
SALVS PVBLICA, AVG. Seguitò la Salute Nemesi
Dea figliuola della Notte come scriue Hesiodo nella Theogonia, laquale era vna Dea che gli antichi credettero che ve
desse ogni cosa & gouernasse le vite degli huomini gastigan
doi superbi, & premiandoi buoni, come si legge appresso à
Orpheo poeta greco in uno hymno che'sa à questa Dea, per
che i Romani come scriue Pomponio Leto nelle sue histo-
rie la'nuocauano in tutte le lor'uittorie(percioche eglino sa
ceuâ'le lor'guerre giuste & religiose)p punir'quegli che ha
ueuano errato contro al popol'Romano, questa adunque
l'Authore figurò vna fanciulla che haueua in capo vna
grillanda'piena'di Cerui & di piccole vittorie, & in una ma
no gli dette vn'ramo di Frassino & nell'altra vna taza doue
erano scolpiti su de'mori, percioche Pausania nell'Attica
scriue che in Rhamno villa del paese d'Athene era vna statua di Nemesi ch'era di marmo, fatta da Phidia nella maniera disopra detta, è verò che fingendosi comunemente Nemesi con l'ali egli la fece senza esse, percioche Pausania nel
luogo disopra detto scriue che ne questa ne alcun'altra statua di Nemesi antica haueua l'ali, dopo Nemesi venne la pa
ce, percioche dopo la guerra ben'gouernata ne segue la vittoria & dopo lei la pace, laquale l'authore fece vna fanciulla
lieta & benigna in viso che haueua in'mano vn'ramo d'vliuo, & in collo vn putto cieco benissimo vestito ilquale era
Pluto Dio delle richeze, percioche Pausania nell'Attica, &
nella Beotica descriue la Pace in questa maniera, Appresso
                                                      all

alla race fu posta la Speranza & questa il ritrouator'della ma
scherata finse vna femmina vestita di uerde che con la man'
manca si alzaua un'lembo della veste, laquale era bandata in
torno intorno di vna piccola banda, & nella man' dritta haueua vna taza dêtro alla quale era dritto vn vaso da bere fatto come vn' giglio, nel qual' modo ella si vede figurata in
vna medaglia d'oro d'Adriano Imperadore con queste lettere SPES. P. R. passò dopo la Speranza la Clemenza
laquale poiche' nimici son vinti si debbe usare piu che alcũ'
altra cosa, onde Virgilio nel sexto libro dell'Eneide dice

Parcere subiectis & debellare super bos

Et quel che segue, & questa l'authore fece à sedere in su vn
Lione & che nella man'manca haueua un'hasta & nella dextra vna saetta di Gioue, laquale pareua, non che la lanciasse-
se, ma che la gettasse uia & la rimouesse da sè, nel qual'modo
la Clemenza si vede figurata in una medaglia antica di Seue
ro Imperadore cõ queste lettere INDVLGENTIA,
AVG. IN. CAR. Dopo la Clemenza uenne l'Occasio
ne con la penitenza che la seguitaua, percioche in ogni attio
ne che gli huomini hanno à fare & spetialmente nelle guer
re, il saper pigliar l'occasioni che ti son'date da altri, o che da
loro stesse ti si offeriscono è di gran'momento, & questa l'a
uthore finse in ĝlla maniera che la descriue Ausonio Gallo
in un'suo Epigramma doue ei dice

Sum dea qua rara & paucis occasio nota
Quid rotula insistis? stare loco nequeo

Et quel che segue, & perche dopo la Vittoria & lo hauer'cõ
Clemenza gastigati i nemici uinti, ne segue la Felicità di co-
lui che ha vinto, laquale fu adorata da' Romani & driza togli
tempij & statue come si legge appresso di Plinio ne xxxiv.
& nel xxxvi. libro della Historia naturale, perciò l'authore
messe nel triompho di Minerua la felicità, laquale egli figurò come ella si uede scolpita in vna medaglia anticha di Giu
lia Mammea, cioe una femmina che siede in su una sedia &
ha nella man'dritta un Caduceo & nella manca un' corno
di douitia con queste lettere Fælicitas publica, ma perche p̃
con-

conseruare la felicità de' popoli è necessario tenergli i nemi
ci lontani, perciò l'Authore messe in questo medesimo triū
pho Pellonia Dea inuocata dagli antichi per iscacciare i nemici da lor' confini, della quale ragionorono S. Agostino nel
quarto libro della Città d'Iddio, & Arnobio nel quarto lib.
contro a' Gentili, & questa l'authore figurò vna giouane ar
mata all'antica, con le corna, che haueua in mano vn Gru, il
quale teneua col piede vn sasso, & staua in atto da volare, il
che l'Authore fece, percioche i nemici si tengon' lontani
con la forza, la quale ei volse significar per le corna, come si
è detto disopra, & con la prudenza, la quale si dimostraua per il gru detto poco innanzi, percioche, sì come scriue
Plinio nel x. libro dell'Hystoria naturale, i Gru sono anima
li prudentissimi, percioche quãdo ci viene il tempo del lor'
passaggio d'Asia in Europa ci sene vengon' primieramente
a vno stretto, che è tra il capo chiamato dagli antichi Carãbi,
ch'è nell'Asia, & il capo al quale gli antichi diceuano Cri
umetopon, che è nell'Europa, & quiui s'empiono di rena,
& piglion' nel piede vn sasso per poter' volar' più fermi, &
più sicuri, & quando ci giungon' poi in terra ferma, riman-
don' la rena, che eglino haueuano inghiottita, & lasciõsi ca
dere quella pietra, che eglino haueuano nel piede. vltimamẽ
te venne la Scienza della quale Minerua fu creduta Dea dagli antichi, & questa l'autore finse vn giouane con vn libro
in mano, & in capo vn deschetto d'oro, ilquale è la 'nsegnia
della scienza, percioche ella è vna cosa ferma, & stabile, come
è il deschetto, sì come scriue Platone nel Theeteto, & ãcora
percioche Plutarco dice nella vita di Solone, che in Coo cer
ti Milesij comperarono da certi pescatori vna tirata della lor
rete, onde hauendo i pescatori preso con la rete vn deschetto d'oro, & contendendosi tra loro di chi douesse esser quel
deschetto, & nascendo di già tra le città di Grecia guerra, fe-
cer' finalmente tra loro questa conuentione, che egli si andasse all'oracol' d'Apolline Pithio, & si gli domãdasse a chi si
doueua dar' quel deschetto, & a quel si desse a chi la sacerdo
tessa d'Apolline chiamata Pythia, rispondesse che egli si do,

uesse

ueste dare, laquale rispose che si desse al piu sauio huomo di
Grecia, onde dopo molte dispute & dopo lo esser' manda-
to da vn'di quei sette saui della Grecia all'altro, finalmente
egli fu cōsecrato in Thebe a Apolline Ismenio, & questa cōpagnia giudicò l'authore che bastasse al carro di Minerua.

Vndicesimo Carro di Vulcano.

DO P o il Triompho di Pallade, venne il carro di Vulcano, creduto dagli antichi gentili Dio del fuoco come è cosa nota à ognu
no. & per questo carro l'authore finse l'I-
sola di Lemno, percioche le fauole de'poeti dicono che Vulcano fu da Gioue & al-
tri dicono da Giunone gettato giu di Cielo, percioche egli
era brutto & zoppo, onde egli cadde nell'Isola di Lemno,
& quiui fu nutrito da Thetide, & exercitò l'arte del fabbro,
& lauorò le saette à Gioue, del che fanno mentione Homero nel XVIII. libro dell'Iliade, Phornuto nel libro della natura degl'Iddei, Philostrato negli Heroici parlando di Philo-
tete, & Galeno nel nono libro delle uertù de'medicamenti
semplici, & appresso, à questi scrittori ancora oltre alla fauola si legge l'allegoria sua. In su questo carro adunque fatto
in forma dell'Isola di sopra detta, l'authore messe Vulcano,
la descrizzion' del quale ci cauò del terzo libro della preparatione Euangelica d'Eusebio, doue ei dice che gli antichi
finsero Vulcano ignudo cō vn'cappello Turchino in capo,
volendo dimostrare in questa maniera che il fuoco era puro
& sincero nella concauità della sphera della Luna, & non
quaggiu da noi, & fece tirar' questo carro da duoi cani, percioche il ritrouator' di questa mascherata non trouò appresso a alcun'buono scrittore che gli antichi cōsecrassero a Vulcano animale alcuno, è vero che Festo Pompeio scriue che
il pretore Romano ogni anno di giugnio faceua fare i giuochi de pescatori per l'utile & guadagno di coloro che pesca-

-nsI.   K

Vulcano in iscambio di portinai, & credeuasi dagli antichi,
che eglino abbaiassero solamente à coloro, che volessero
violare il tempio di ésto Dio, o rubar le cose sacre di quello,
credeuasi ancora anticamente che i cani guardassero il tempio & il bosco di Vulcano che era in Mongibello, & che egli
no abbaiassero solamente agl'empij, & cattiui & gli mordes
sero, & facesser festa à quegli che andauano diuotamente à
visitar quel tempio. in compagnia adúque del carro di Vul
cano l'authore mese primieramente tre Cyclopi, Bronte,
Sterope, & Pyrachmone, iquali scriue Virgilio nell'ottauo
libro dell'Eneide che aiutauono à Vulcano far le saette à
Gioue,

Haud secus igni potens nec tempore segnior illo
Mollibus è stratis opera ad fabrilia surgit

Et quel che segue, & dopo à questi tre Cyclopi mese Poliphemo primo de'Cyclopi, la cui descrizione l'authore cauó
del secondo libro delle Imagini di Philostrato, cioè, vn pastore con vn ochio solo in fronte, con la zazzera, & la bar
ba lunghe, piloso tutto, & di statura di Gigante, il naso schi
acciato, largo, & tanto grande che veniua sopra i labbri, &
le zanne fuor di bocca come hanno i cignali, & dettegli in
mano vn gran bastone, & à collo gli mese vna zampogna
con cento canne, appresso à Poliphemo fu Erichthonio fi
gliuol di Vulcano, ilquale egli figurò vn giouane con vna
corona di sette stelle in capo, che haueua i pie di drago, & in
mano vn cochio, peioche egli fu il primo che trouasse il far
tirare il cochio à cauagli, si come scriue Virgilio nel terzo li
bro della georgica doue ei dice

Primus Erichthonius currus & quattuor ausus

Iungere equos, rapidisq; rotis insistere victor

Et ql che segue, i piedi drago, & la corona di sette stelle gli
furon dati per quel che scriue Hyginio di lui nel terzo libro
delle stelle, cioè ch'ei nacque di Vulcano quando egli innamorato di Minerua per il troppo desiderio di lei gettò il se-
me in terra onde Erichthonio nacque, perche Pausania nel
l'Arcadica scriue che erichthonio non hebbe per padre huo
mo alcuno mortale, ma nacque di Vulcano & della terra &
Gioue marauigliandosi dello'ngegnio di costui che hauesse
saputo immitare il carro del Sole nel far' tirare il carro suo a
quattro cauagli, lo tirò su in cielo, & secene quel segnio celeste che gli Astrologi chiamano Auriga, ilquale è composto di sette stelle, dopo a Erichthonio venne Cacco figliuol'
di Vulcano, ilquale l'authore figurò un'huomo feroce di
statura di Gigante in habito d'huomo saluatico, ilquale get
taua fuoco per bocca & per il naso, ilche ei trasse dell'ottauo
libro dell'Eneide di Virgilio, doue ei dice,

Iam primum saxis suspensam hanc aspice rupem

Et quel che segue, dopo Cacco passo Ceculo figliuol'di Vul
cano, & fondatore di Preneste come scriue Virgilio nel decimo libro dell'Eneide doue ei dice

Instaurat acies Vulcani stirpe creatus

Ceculus, & veniens Marsorum montibus Vmbro

Et quel che segue, & nel settimo pur dell'Eneide dice

Nec praeneslinae fundator defuit vrbis

Et quel che segue, perche l'authore finse vn'Pastore con la
diadema reale in capo, & con gli ochi piccoli, & che in vna
mano haueua una città posta sopra vn'monte come è Preneste, & nell'altra vna gran fiamma di fuoco, percioche Ser
uio dichiarando i versi di Virgilio disopra detti scriue, che
hauendo Ceculo gia fondata Preneste, inuitò tutti i pastori
delle contrade uicine à certi giuochi che egli faceua, & al-
l'hora cominciò à confortagli che habitassero seco, il che nó
poteua esser loro se non vtile, & honoreuole, percioche egli
era figliuol' dello Dio Vulcano, ilche non credendo quella
turba d'huomini quasi saluatichi, Ceculo pregò Vulcano

che con qualche segnio volesse dimostrare, che egli era suo
figliuolo; onde tutta quella moltitudine fu subitamente in-
tormata da vna gran' fiamma di fuoco, perche essi credettero ch'ei fusse fighuol' di quello Dio, & restaron seco in Preneste, seguitò Ceculo Seruio Tullo sexto Rè di Roma, & figliuol di Vulcano, si come scriue Ouidio nel v. libro de' Fasti doue ei dice,

Namq; pater Tulli Vulcanus, Ocrisia mater

Et quel che segue, or a costui l'authore messe in dosso la toga Romana di tabi d'oro rosso cõ l'acqua, & gli dette in mano vno scettro reale, & vn'libro, & in capo gli messe la benda bianca, & vna fiamma di fuoco che gli accerchiaua tutto
il capo a vso di ghirlanda, & questo, percioche egli fu il primo che ordinò il censo in Roma, & intorno al capo mentre
che egli dormiua gli apparse quella fiamma di fuoco, laquale durò tanto quanto egli durò à dormire, & quando egli si
sueglio subitamente insieme cõ il sonno si parti il fuoco, co
me si legge nel primo libro della prima deca di Tito Liuio,
messegli in dosso la toga rossa di tabi con l'acqua, percioche
l'habito degli antichi Rè era la porpora, & Caia Cecilia sua
moglie fece la toga reale chiamata dagli antichi undulata, la
quale portò Seruio Tullo mentre che egli visse, & dopo la
morte sua fu messa nel tempio della Fortuna, si come scriue
Plinio nel l'ottauo lib. dell'Hystoria naturale, laqual toga fu
chiamata dagli antichi vndulata dalla simiglianza che ella ha
ueua con l'onde dell'acqua, si come noi veggiamo hoggi di
hauere il tabi, & il ciambellotto con l'acqua, dopo Seruio vẽ
ne Procri figliuola d'Erichthonio, & moglie di Cephalo si
come dice Ouidio nel vii. libro delle transformationi

Procris erat, si forte magis peruenit ad aures

Et quel che segue, & questa l'authore finse vna fanciulla
in habito di Nimpha cacciatrice passata per lo petto da vn'
dardo, E narrata la Fauola da Ouidio nel luogo disoprá
detto che Cephalo suo marito credendo, che ella fusse una
fiera l'uccise con un' di quei Dardi che l'Aurora essendo in-
namorata di lui gli haueua donati, appresso à questa venne

Orithia

Orithia fua forella, come dice il medefimo poeta nel luogo allegato difopra, & quefta l'Authore figurò vna bellif-
fima fanciulla veftita ricchamente, & ornata quanto fi potette. Doppo quefte due nymphe venne PANDIONE
Re d'Athene, & figliuol d'Ericththonio, come fcriue
Paufania nell'Attica, & quefti l'Authore vefti alla Grecha
in habito di Re: & dopo lui meffe Prognie, & Philomela fue figliuole, la prima delle quali egli vefti di vna pelle di
Ceruio, di maniera che il braccio deftro rimaneffe fcoper-
to, & in mano gli dette vna hafta, & in capo gli meffe vna
acconciatura, che vi era fu vna rondine, & adornogli il capo d'una ghirlanda di foglie di Vite; ma la feconda egli vefti riccamente, & gli meffe in capo vna ghirlanda d'hellera,
& vna acconciatura, che vi eran fu degli Vfigniuoli, & in
mano gli dette vn burattello tutto lauorato. È feritta la fauola di quefte due fanciulle da Ouidio nel fefto libro delle
Transformationi, che Tereo marito di Prognie, hauendo
fatto forza a Philomela fua cogniata, & poi mozzogli la lingua, ella teffè di certi giunchi vna tela doue era ricamato l'-
oltraggio che Tereo gli haueua fatto, & mandolla a Prognie fua forella, perche Prognie fingendo d'andare a facrificare a Bacco, conduffe di nafcofto la forella a cafa, & dette
manicare per vendetta in vn conuito a Tereo Ity fuo figliuolo, delche effendofi auueduto Tereo, & volendo per quefto vecidere quelle due giouani, la prima di loro fu dagl'Iddei conuertita in Rondine, l'altra in Vfigniuolo, & egli in
Bubbola, perche quefto poeta fcriue.

tandue iter effectum eft, tandue in fua littora feffus.

Et quel che fegue. Vltimamente venne Caca forella di
Cacco figliuol di Vulcano, come fi è detto difopra, & quefta l'Authore veftì a vfo di paftora che in vifta era feroce, &
gli dette in mano vn Tempio, percioche ella diffe a Hercole che Cacco fuo fratello gli haueua rubato i buoi, onde li
meritò che in Roma gli fuffe confecrato un'tempio, nel quale gli faceuano facrifizio le vergini Veftali, fi come fcriue
Seruio commentatore di Virgilio dichiarado quei verfi del

lo ottauo libro dell'Eneide

Poſtquam exempta famei, & amor compreſſus edendi.

Et quel che ſegue, & queſto ſu il triompho di Vulcano.

Dodiceſimo Carro di Giunone

ENNE dopo il Carro di Vulcano quel' di Giunone Dea dell'Aria, ſorella, & moglie di Gioue, & per conſeguente regina di tutti gli altr'Iddei, onde Virgilio nel primo libro dell'Eneide dice

Aſt ego quæ diuum incedo regina Iouiſq;

Et ſoror & coniunx, vna cum gente tot annos

Et quel che ſegue, & queſto il ritrouator' della maſcherata, adornò di tre figure tutte tonde, & di cinque dipinture di Fauole di queſta Dea, la prima ſtatua adunque ſu quella di Lycoria, la ſeconda quella di Beroe, la terza quella di Deiopeia, tutte & tre Nimphe di Giunone, delle quali inſieme con l'altre, ragiona Virgilio nel quarto libro della Georgica quando ci dice

At mater ſonitum thalamo ſub fluminis alti

Senſit, eam circum mileſia vellera nimphæ

Et quel che ſegue, ma la prima dipintura, ſu quando Giunone conuerte Calixto in Orſa, raccontata da Ouidio nel ſecondo libro delle transformationi doue ci dice

Haud impune feres, adimam namq; tibi figuram

Et quel che ſegue, la ſeconda dipintura ſu quando Giunone preſa la forma di Beroe balia di Semele madre di Bacco, la conforta à chiarirſi ſe Gioue l'amaua, ò no, del che ella nõ poteua chiarirſi in modo alcuno ſe ella non faceua giurare per la palude Stigia à Gioue che giacerebbe ſeco in quel modo che egli giaceua con Giunone, il che hauendo ella ottenuto da Gioue egli la vcciſe con vna ſaetta, percioche in ẽlla maniera ſi congiugne Gioue cõ Giunone, & traſſegli Bacco fuor' del corpo, & cucilloſi nel fianco inſino à tanto che i

ueniſ-

ueniffe il tempo del suo nafcere, il che feriue Ouidio nel fe
condo libro delle transformationi quando ei dice,

Surgit ab his folio, fuluaq; recondita nube
Lumen adit femeles: nec nubes ante remouit

Et quel che fegue, la terza fu quando ella prega Eolo Rè de
venti che voglia fare affondare l'armata de Troiani fuoi nemici che nauigaua il mar tirreno, raccontata da Virgilio nel
primo libro dell'Eneide doue ei dice

Aeole (namq; tibi diuûm pater, atq; hominum rex)

Et quel che fegue, la quarta, & la quinta furono quãdo Gio
ue giacendofi con lo figliuola d'Inacho Rè degli Argiui ac
cioche Giunone che gli haueua fopraggiunti non la cogno
feeſte, la conuerti in vacca, del che effendofi accorta Giuno
ne, la chiefe in dono à Gioue, & egli non gliele hauendo po
tuta negare, gliela donò, perche Giunone la dette in guardia à Argo, ilquale per comandaméto di Gioue effendo ſta
tò vecifo da Mercurio come fi è detto difopra, Giunone mã
dò l'afsillo adoffo à Io, & la fece andar furiofa per tutto il mõ
do, ilche feriue Ouidio nel fecondo libro delle transformationi quando egli dice

Interea medios Iuno defpexit in agros

Et quel che fegue, in fu quefto carro adunque l'autore mef
fe Giunone, laquale egli figurò in quella maniera che lo de-
feriue Martian' Capella nel primo libro delle noze di Mercurio, & di Phylologia, cioè vna figura d'vna matrona à federe in fu vna fedia ornata nobilmente, laqual' haueua in ca
po vn vel biãco che gli copriua il capo, intorno, alquale era
vna fafcia a ufo di corona antica reale piena di gioie verdi,
rofte, & azurre, la faccia di quefta matrona era risplenden-
te ma rancia, la vefte che ella haueua in doffo era di color di
nerro, & fopra à quefta vefte ne haueua vna altra di velo feu
ro, ma tale che quando vi fi accoftaua qual' che cofa lucida
risplendeua, haueua intorno alle ginochia vna fafcia di diuerfi colori i quali tal' hora risplendeuono, & tal' hora fi
affottigliauano di maniera quei colori che non apparicon'
piu, ha ueua le fcarpe di colore feuro, & le fuola delle fear

pè del tutto nere, nella mà dextra portaua vn'folgore di Gio
ue, & nella finixtra vn'tamburo, & à piè dell'vna, & dell'altra di queste cose ché ella haueua in mano era bagnato, &
molle. Questo Carro adunque con questa Dea l'authore se
cè tirar da'duoi Pagoni i quali fon' confecrati à Giunone,
perche Ouidio nel primo libro dell'Arte dell'amare scriue,

Laudatas oftendit auis Iunonia pennas
Si tacitus fpectes, illa recondet opes

Et quel che fegue, & in compagnia di questo Carro, l'authore messe buona parte delle Impresioni che si fanno nel
l'aria delle quali la prima su l'arco celeste chiamato dagli antichi Iride, laquale gli antichi credettero che fusse messag-
giera degl'Iddei, & sighuola di Thaumante, & d'Elettra co
me scriue Hesiodo nella Theogonia, & questa il ritrouator'
della mascherata finse vna fanciulla con i piè d'aria, peioche
Phornuto nel lib. della natura de gl'Iddei scriue ch'ella è chia
mata da poeti ἀελλόπους che vuol dire veloce, & presta, &
ποδήνεμος ἄγγελος che significa messaggiero ch'hà piè di
vèto, ôde ci la vesti anche d'habito spedito côuencuole à chi
camina, il qual'era di color giallo, rosso, & cágiante azurro,
& verde, percioche queste trè maniere di colori si veggion'
nell'arco celeste quando egli apparisce, & gli messe in capo
vna acconciatura che vi eron su due ali di sparuiere per la
prestezza del volare di questo vecello, & dopo all'arco difopra detto messe la Cometa, laquale egli finse vna fanciulla
tutta rossa, & la chioma sparta, & medesimamente rossa, &
gli messe vna stella in fronte, & in mano gli dette vn'ramo
d'alloro, vn di verminaca, & vn'pezo di zolfo, lequali cose il
ritrouator' della mascherata fece, percioche la Cometa è di
natura di fuoco si come scriue Aristotele nel terzo libro del
lemethcore doue questo Philofofo anche dimostra il luogo
& il modo come la si genera, & era appresso agli antichi riputata per prodigio, & spauentoso, di maniera, che egli non
si purgasse cosi di leggieri, si come scriue Plinio nel secondo
libro dell'Histo. naturale, & Virgilio nel primo libro della
Georgica dice.

Fulgo

Fulgora, nec diri toties arsere cometæ

Et quel che segue, perche l'authore gli messe in mano le cose di sopra dette con lequali gli antichi facevan' le purgationi de'portéti cattiui che apparivano, si come delle vermina ca scriue Plinio nel xxii. libro dell'Hystoria naturale, & dello alloro nel sedicesimo libro della medesima Hystoria, & del zolpho nel xxxv. libro della Historia naturale, dopo la Cometa venne la Serenità; laquale l'authore finse vna fanciulla che haueua il viso di color turchino, con la vestè bianca, larga, lunga, & piu semplice che si potette, & gli fece in capo vna acconciatura che vi era su vna Colomba bianca, p cioche la Colomba significa l'aria non essendo uccello alcu no di quelli che si addimesticano con l'huomo, & habitan'se co, che voli piu lontano, & che con maggior' fede torni allo albergo suo che la Colomba, & voli piu agevolmente, & cù piu velocità di lei. Onde Virgilio nel quinto libro dell'Ene ide scriue,

Radit Iter liquidum, celeres neq; comminuet alas

Et quel che segue, dopo la Serenità, venne la Neue, per la quale l'authore finse' vna semmina tutta tanè, piena di cespu gli, & tronchi d'alberi, significando per questa figura la ter ra, & in su quei cespugli & tronchi, & per tutto il resto del la figura fiochi di bambagia, nella qual maniera egli uolle di mostrar'la Neue quando comincia à appiccarsi in su la ter ra, & dopo alla Neue fu messa la Nebbia; laquale l'authore finse vna semmina tutta di bambagia senza forma alcuna, ap presso alla Nebbia fu messa la Rugiada, laquale l'authore fi gurò vna semmina tutta verde, significádo per questo l'her be, & i prati dove piu apparisce la Rugiada che in altre par ti della terra, & in capo gli messe vna acconciatura di cespu gli, & tronchi d'alberi pieni tutti di Rugiada come anche tutto il restante della figura, & aggiunsegli in capo vna Lu na piena, percioche allhora cade maggior guaza che inalcù altro tempo, la ragion' si caua del terzo libro delle Metheo re di Aristotele doue ci ragiona della Rugiada, & della Bri nata, percioche il calore del lume della Luna è allhor'tanto,

che egli può solleuar' più vapori che quando ella non è piena, ma nó è gia tanto che egli gli possa risoluere. seguitò dopo la Rugiada, la Pioggia per laquale il ritrouator della mascherata finse vna fanciulla vestita di bianco ma vn poco tor-
bidiccio, che haueua in capo una ghirláda di sette stelle, del
le quali n'era vna scura, & nel petto ne haueua diciassette
che vene erano sette scure, & dieci chiare, & in mano gli det
te vn' ragniatelo che faceua la tela, significando per le sette
stelle le pleiade, lequali spesse fiate son' cagion' di pioggia,
perche Statio nel quarto libro della Thebaide dice,

Inache, Persea neq; violentior exit

Amnis humo, cum Taurum aut Pliadas hauserit aquosas

Et quel che segue, & per le diciassette stelle intédédo Orio
ne che è vna constellatione, laquale fa pioggie, & tempeste
assai, perche Virgilio nel primo libro dell'Eneide scriue,

Cum subito assurgens fluctá nymbosus Orion,

Et Propertio nel secondo libro delle sue Elegie scriue.

Non hæc Pleiades faciunt, neque aquosus Orion

Et quel che segue: & perche il Ragniatelo, quando egli
è tempo dà piouere fa la tela sua piu che quando egli è sereno, quasi naturalmente cósa peuole della debolezza di quella, percioche ne sereni l'aria è piu pura, & sottile, & per con
seguente piu mobile, onde piu ageuolmente dal moto del-
l'aria la sua tela puo esser' rotta, & stracciata: percio egli la fa
quando l'aria essendo piu humida, & piu grossa si muoue
con piu difficultà, & per questo è piu atta alla sottighezza,
& alla debolezza dell'opera sua, perche Plinio nell'vndicesi
mo libro dell'Historia naturale parlando de' ragniateli dice.

Iidem sereno non texunt, nubilo texunt, Ideoque multæ araneæ

Imbrium signia,

Et quel che segue, per questa cagione l'authore gli dette in
mano, si come è detto, il ragniatelo che faceua la tela, come
Insegna che dimostrasse quel che significaua la figura vestita in quella maniera, & perche Pausania negli Eliaci scriue,
che appresso gli Elei ogni cinque anni si faceuano i giuochi
di Giunone innanzi al tempio suo, che era in Iscillunte città

di

di Triphylia, ne' quai giuochi certe vergini diuise in tre ordini secondo l'età faceuano a correte, & primieramente'cor
reuano fanciullette piccole, poi fanciulle alquanto maggio
ri delle prime, & poi fanciulle grandi, & l'habito di tutte e-
ra il medesimo, cioè scapigliate, la veste alzata infino al gino
chio, & la destra spalla ignuda, & quella che vinceua l'altre
haueua per premio vna ghirlanda d'uliuo, perciò l'Authore finse tre fanciulle di diuersa età, vestite di bianco nella ma
niera detta di sopra con vna ghirlanda d'uliuo in capo per
vna, per dimostrare che ell'erano quelle vergini, che haueuan fatto i giuochi di Giunone, & che ciascheduna di loro
era stata vincitrice di quelle con chi ella haueua fatto a corre
re, & perche Giunone oltre all'essere stata tenuta da gli antichi Dea dell'aria, fu anche creduta Dea de'regni, & delle ri
chezze, come scriue M. Giouan Boccaccio nel nono Libro
della Genealogia degl'Iddei de'Gentili, il che accenna anco
ra Macrobio nel primo libro de'Saturnali, & Statio nel deci
mo libro della Thebaide dice.

Sceptriferæ Iunonis opem reditumque suorum.

Et quel che segue, perciò l'Authore, alle figure di sopra det
te, aggiunse Populonia Dea, della quale fa mentione Santo
Agostino nel sesto libro della città di d'Iddio, laquale è cre-
dibile che fusse inuocata dagli antichi, accioche ei nó seguis-
sefachi delle città, guasti de'campi, & delle ville, scorrerie &
prede a i popoli. perciò l'Authore finse per questa dea vna
matrona vestita riccamente, & gli messe in capo vna ghirlá
da di melissa, & di melagrano, & in mano gli dette vna men
sa, & vna pechia, perciocche l'api sole tra tutti gli animali sen
za ragione hanno il Re, & lo seguitono, & vbidiscono, si co
me scriue Horo Egyptio nel primo libro de'suoi Hierogly
phifici, & la mensa gli fu data in mano, perciocche Macrobio
nel terzo libro de'Saturnali scriue, che nel tempio di Populonia era vna mensa, in su la quale gli antichi assaggiauano i
liquori che ei voleuon sacrificare a questa Dea, & non solamente in questo tempio, ma negli altri tempij ancora: non
solamente in su gli altari si assaggiauano i liquori che si ha-

ueuano à sacrificare, ma ancora in su le mense, che erano pò
ste ne'lor'tempij insieme con gli altri instrumenti da sacrificare, perche Virgilio nell'ottauo libro dell'Eneide scriue.

Immensam lati libant diuosque precentur,

Et quel che segue, & nel primo libro pur dell'Eneide scriue cosi.

Dixit, & immensa laticum libauit honorem
Primaque libato summo tenus attigit ore

Et quel che segue, la corona di Melissa, & di Melagrano gli
su messa in capo: percioche la melagrana, come si è detto di
sopra, significa la Concordia, laquale l'Authore volle dimostrare che fusse in vn'popolo nell'vbidire al suo signore, onde egli schifasse tutti quei mali, che si son' detti poco fa, &
aggiunsegli la Melissa. percioche si come scriue Plinio nel
ventunesimo libro dell'Hystoria naturale, ella è tanto grata
alle pechie, per lequali il ritrouator'della mascherata
volle significare il popolo vbbidiente al suo signore, che vngendone le cassette loro quã
do sene caua il mele, elle non sene
vanno ma restano insieme nel
medesimo luogo. Et
questo su il fine
del triom
pho

DI GIVNONE.

Tredicesimo Carro di Nettunno.

 SSENDO passato il carro di Giunone dea
dell'Aria, parue conueneuole mettergli
appresso il triompho di Nettunno, Dio
del mare, percioche l'elemento dell'acqua
è accerchiato da quel dell'Aria, & tocca
si l'un l'altro. Finse adunque il ritrouator
della mascherata il carro di Nettunno vna Granceuola, la
quale era retta da quattro Dalphini che posauano in su v-
no scoglio pieno di conche marine, di spugnie, & di altre si
mil'cose che nascono intorno al mare, & in su la Granceuola l'Authore messe Nettunno in quella maniera che egli è
descritto da Phornuto nel libro della natura degl'Iddei, cio-
è vn vecchio con la barba, & i capegli di colore d'acqua marina, & vn panno addosso del medesimo colore, & gli dette
in mano il Tridente, & a piè di Nettunno messe Salacia sua
moglie, come scriue M. Varrone nel quarto libro della lingua latina, laquale il ritrouator della mascherata, finse vna
nimpha ignuda bianchissima, & tutta piena di schiuma marina, & gli dette in mano vn Dalphino, & questo percioche
Salacia, come scriue Festo Pompeio su dagli antichi detta co
si a *Salo ciendo*, cioè dal muouere il mare che da' Romani è
chiamato *Salum*, & spocialmente la parte più vicina al lito,
come si vede manifestamente nel nono libro della terza De
ca di Tito Liuio, doue egli dice, che essendo arriuata la naue
che portaua da Pesinunte di Phrygia, la gran'madre degl'Id
dei alla foce del Teuere, Scipion Nasica,

In Salum naue euectus Et quel che segue, doue p quella
voce *Salum* si vede che egli intède quella parte del mare, ch'
è vicina alla terra, la quale quando si muoue fa vna schiuma
bianca, onde Virg. nel secondo lib. dell'Eneide dice.

Fit sonitus spumante salo, i. umque vua tenebant.
Et quel che segue, perche l'authore finse Salacia nella manie
ra disopra detta, & questo carro con le figure dette su tirato
da duoi cauagli marini da' quali dice Philostrato nel. j. libro

delle Imagini, che è tirato il carro di Nettuno, & in sua cópa
gnia l'Authore mette primieramente Glauco Dio marino,
ilquale egli finse vn'vechio con la barba, & i capegli lunghi,
molli, & risplendenti; il petto pien d'aliga, & muschio, &
era da mezo in giu pesce che haueua la coda pagonaza riuol
ta in su la schiena, & intorno gli volauon'di molti Alcyonij
nella qual'maniera egli è descritto da Philostrato nel secondo libro delle Immagini. Appresso a Glauco vène Protheo
medesimamente Dio marino, & questi l'Authore figurò vn
vecchio di color'cilestro, con la barba, & i capegli lunghi &
molli, come quegli de'siumi, & finselo vn'cinghiale, vn'Ty
gre, vn'Drago, vna Lionessa, vna acqua, & vn'suoco, nella
qual'maniera egli è descritto da Virgilio nel quarto lib. della Georgica quando ei dice,

Est in Carpathio. Neptunni gurgite vates

Caruleus Protheus magnum qui piscibus aquor

Et quel che segue. Dopo Protheo venne Phorcy anch'egli
Dio marino, ilquale l'Autore finse vn'huomo d'aspetto fiero con la barba, & i capegli lunghiss. & vna benda turchina
storno, al capo a vso di Re, & in mano gli dette le colonne d'
Hercole, & questo, percioche Palephato nel libro dell'Hystorie Incredibili scriue, che egli regnò intorno alle collone
d'Hercole, seguitoron'questo Dio duoi Tritoni, iquali il ri
trouator'della mascherata finse da mezo in su giouani, & da
mezo in giu pesci, & dette loro in mano vna chiocciola marina p vno, nella qual'maniera ei son'descritti da Phornuto
nel libro della natura degl'Iddei. Dopo i Tritoni venne Eo
lo re de'venti, si come scriue Virgilio nel primo libro dell'E
neide doue ei dice

Aeoliam venit, hic vastorex Aeolus antro

Luctantes ventos tempestatesque sonoras

Imperio premit, ac vinclis & carcere frenlat.

Et quel che segue, & questi il ritrouator'della mascherata fi
gurò vn'huomo in habito di Re con vna siamma di suoco in
capo, & in vna mano vna vela da naue, & nell'altra vno scet
tro reale, ilche egli sece, percioche Diodoro Siculo nel sesto
libro delle sue Hystorie scriue che egli regnò nell'Isole thia

mate dagli antichi dal nome suo Eolie, che sono nel mar di
Sicilia, & fu re giusto, humano, & pietoso, & insegniò a ma
rinari l'uso delle vele, & con la diligente osseruation delle fiã
me del fuoco cognosceua che venti doueuan trarre, & lo di
ceua innanzi a suoi huomini, onde hebbe luogho la fauola,
che egli era Re de venti. Dopo Eolo furon messi i quattro
venti principali, de quali il primo fu Zephiro, ò uero Ponẽ
te, che dall'Autore fu finto vn bellisimo giouane con l'ali,
& con le gote gonfiate, come comunemente si fingon tutti
i venti, & in mano gli fu dato vn Cignio con l'ali aperte, il
quale pareua che cantasse, & in capo gli fu messo vna ghirlanda d'ogni maniera di fiori, nel qual modo questo vento
è figurato da Philostrato nel primo lib. delle Imagini, doue
egli dice ancora, che quãdo questo vento trahe i Cygni can
tono piu soauemẽte che quando ei non trahe. Dopo Zephi
ro venne Euro, ò vero Leuante, il quale l'Authore finse vn
moro con le ali nere, & le gote gonfiate, che haueua in capo
vn sol rosso, percioche Virgilio nel primo libro della Geor
gica scriuẽdo i segni che dà il Sole delle stagioni de tẽpi dice.

Cæruleus pluuiam denunciat, igneus Euros

Et quel che segue, fecelo nero, percioche nelle parti di Leuante, onde egli viene sono li Ethiopi: Et dopo questo uen
to uenne Borea, ò Rouaio, il quale l'Autore finse con la barba, i capegli, & l'ali tutte piene di neue, & con i piè di Serpẽ
te, percioche in questa maniera lo descriue Pausania negli
Eliaci. Dopo a Rouaio venne Austro, ò vero mezo giorno
la descrizzion del quale l'Autore cauò del primo libro delle
Trasformationi d'Ouidio, doue questo poeta dice.

Emittitque Notum, madidis Notus euolat alis

Et quel che segue. passati i uenti uennero Otho, & Ephialte giganti figliuoli di Nettunno, si come scriue Seruio Gramatico dichiarando quei uersi del sesto libro dell'Eneide.

Hic & Aloidas geminos, immania vidi
Corpora, qui manibus magnum rescindere cælum
Aggressi, superisque Iouem detrudere regnis

Et quel che segue, doue questo scrittore dice che Aloeo fu
gigan

Egiptij restò vincitore del fuoco Dio de'Caldei, onde gli Egi
ptij faceuon' la statua sua con i piè, & il collo corti, con il
ventre, & la schiena grossi, & tondi, nella qual'maniera il ri
trouator di questa maschierata finse questo Dio, & lo messe
nel Triompho di Nettuno, percioche come si è detto egli
nacque d'acqua, & dopo lui furon'messi Zeti & Calai figli
gliuoli di Rouaio vento, & d'Orithia figliuola d'Erichtho
nio Rè d'Athene, i quali l'authore finse duoi bellissimi gio
uani con le spade allato che haueuon' l'Iali, nel qual'modo ci
son'descritti da Ouidio nel sexto libro delle transformatio
ni quando ei dice,

Illic & gelidi coniux Actea Tyranni
Et geminix facta est, partus enixa gemellos

Et quel che segue, Appresso à questi venne Amimone Nim
pha amata da Nettunno, come scriue Philostrato nel primo
libro delle Immagini, & questa l'authore finse vna bellissima
fanciulla, laqual'pareua che hauesse paura, & haueua in ma
no vna mezina d'oro, nel qual'modo ella e figurata da que
sto scrittore nel luogo disopra detto. Vltimamente venne
Neleo figliuolo di Nettunno, & fondatore della città
di Pilo in Grecia, come scriue M. Giouan'Boccaccio nel x. libro della geneologia degl'-
Iddei de'gntili, & questi l'authore ve
sti alle greca î habito di Rè có
lo scettro reale in mano,
& la bêda biāca in
torno al ca-
po.
& questo fu il Triompho di Nettunno.

M

Quattordicesimo Carro dell'Oceano, & di Tethyde

VENNE dopo il Carro di Nettunno quel dell'Oceano figliuol di Cielo, & della terra, Dio anche egli del mare, marito di Tethyde, padre delle Nimphe marine, delle Nimphe de' fiumi, & di quelle de' fonti, et di molti altri Iddei marini, si come scriue Hesiodo nella Theogonia, Questi adunque l'authore messe in su vn carro fatto come vno scoglio, pieno di tutte quelle cose che nascono in sugli scogli, & finse questo Dio vn' vechio ignudo di color dell'acqua marina, con la barba, & i capegli lunghi, & molli come que' de' fiumi, & pieno tutto d'aliga, di muschio, & di chiocciolette, & altre cose simigliãti à queste che nascono in mare, & gli dette in mano vn'Phoca, o vechio marino che noi lo vogliã chiamare, & in su questo medesimo Carro messe Tethide sua moglie, laquale egli finse vna vechia tutta bianca, & splendida con vn' pesce in mano, seguitando la sentenza d'Hesiodo nella Theogonia, ilquale chiama Tethyde veneranda, & madre di tanti fiumi, & di tante Nimphe quante ei dice che ella generò dell'Oceano, & Ouidio nel secondo libro delle transformationi ragionando dell'Oceano, & di Tethy de dice,

Intumuit Iuno, postquam inter sidera pellex
Fulsit, & ad canam descendit in aquora Tethym
Oceanumq; senem, quorum reuerentia monit

Et quel'che segue, dette in mano all'Oceano il vechio marino, & a Tethyde vn' pesce per dimostrare che questa è Dea del mare, & che quegli ha il gregge suo di vechi marini, si come scriue Messer Giouan' Boccaccio nel settimo libro della geneologia degl'Iddei de' gentili, & fece tirare il carro loro dalle balene, percioche il medesimo Messer Giouan' Boccaccio nel luogo allegato disopra dice che il Carro dell'Oceano era tirato da questi animali, & in compagnia di questo carro

l'authore

l'authore messe primieramente Nereo figliuol' dell'Oceano
& di Tethide come scriue Hesiodo nella Theogonia, & que
sti il ritrouator' della mascherata finse vn'vechio di veneran
do aspetto, tutto pieno di schiuma, percioche vechio lo descriue Hesiodo nella Thogonia, & pien'di schiuma lo descri
ue Virgilio nel secondo libro dell'Eneide quando ei dice,

Spumeus atq; imo Nereus ciet æquora fundo

Et quel che segue, dopo Nereo venne Thetide figliuola di
Nereo, & di Doride si come scriue Hesiodo nel luogo disopra detto, & madre d'Achille, & questa il ritrouator' della
mascherata finse uno vccello, vn'albero, & vn'Tigre, & mei
sela à cauallo in su vn'Dalphino, percioche ella è descritta co
si da Ouidio nell'undicesimo libro delle transformationi
quando ei dice,

Et specus in medio, natura factus an arte
Ambiguum, magis arte tamen, quò sæpe venire
Frænato delphine sedens Theti nuda solebas

Et quel che segue, appresso à Thetide uennero tre Sirene,
lequali l'authore messe in questo triompho, percioche elle
stauano in mare, & primieramente presso à capo Peloro in
Sicilia, & di poi nell'Isole Capree, si come scriue Seruio nel
quinto libro dell'Eneide dichiarando quei duoi versi di Vir
gilio,

Iamq; adeò scopulos syrenum aduecta subibat
Difficiles quondam, multorumq; ossibus albos

Et quel che segue, & le finse da mezo in su sanciulle bellissi
me, & da mezo in giu vccegli come le descriue il medesimo
Seruio nel luogo allegato disopra, & Ouidio ácora nel quin
to libro delle trasformationi quando ei dice,

Hic tamen indicio pœnam linguaq; videri
Commeruisse potest, vobis Acheloides unde
Pluma, pedesq; auium, cum virginis ora geratis?

Et quel che segue, dopo le Sirene furo' messe due Nimphe
figliuole di Phorcy Dio marino, & di Ceto Nimpha, & que
ste l'authore fece due bellissime sanciulle ma canute, & vna
ne vesti di giallo, & l'altra d'altri colori ma adorne quanto

la faccia, & il petto di vna vergine, le gambe di pesce, la coda di
Dalfino, & il vetre tutto pie di lupi, nel qual modo egli è de
scritto da Virgilio nel luogo allegato di sopra quãdo ei dice
At Scyllam cæcis cohibet spelunca latebris
Et quel che segue, appresso à Scylla fu messo Carybdi medesimamente monstro del mar di Sicilia, il quale l'authore finse
vna femmina sotto un fico saluatico che gettaua acqua per
bocca, & ferita da una faetta di Gioue, si come ella è descritta
da Homero nel dodicesimo libro dell'Odissea, & la fauola è
recitata da Seruio grãmatico nel luogo allegato di sopra, cio
è, che Carybdi fu vna vecchia ingorda, chè rubò i buoi à Her
cole, pche ella fu faettata da gioue, dopo Carybdi véne Echi
dna monstro nata di Callirhoé, figliuola dell'Oceano, si come scriue Hesiodo nella Theogonia, doue questo poeta descriue lei, & la spilonca doue ella habita, cioè vn monstro da
mezo in su nimpha con gli ochi guerci, & da mezo in giu fer-
péte bruttissimo. Vltimaméte venne Galathea figliuola di
Nereo Dio marino, & di Doride Nimpha figliuola dell'O-
ceano, si come dice Hesiodo nel luogo disopra detto, la qua
le l'authore finse vna bellissima nimpha ignuda, bianca, &
tutta piena di schiuma di mare, perciò che così la descriue q̃
sto poeta nel luogo disopra detto, & q̃sto fu il fine del trom-
pho dell'Oceano, & di Tethide.

Quindicesimo Carro di Pan

E G v i t ò il Carro dell' Oceano, & di Tethide il Triompho di Pan, detto da' latini
Inuus, come scriue Macrobio nel primo li
bro de' saturnali, per ilquale gl' antichi vol
lero significar' l'uniuerso, si come scriue
Phornuto nel libro della natura degl' Id-
dei, & come anche suona la voce greca παν che vuol'dire tut
to, onde ei gli fecero le gambe di Capra, & pilose per mostrar'
l'asprezza della terra che è l'ultima parte dell' uniuerso, & si
come la Capra è animal terreno, & nondimeno si pasce sem
pre di vette, & cime di piante, che sono alte, & leuate da ter
ra, cosi ésto elemento ha la forza del mantenersi, del genera
ré, & del produr' le cose che ella produce da' corpi celesti, &
dagli altri elementi che son' piu alti di lei, come dice Macrobio nel primo libro de' Saturnali, seciongli le parti disopra
d'huomò significando per questo i Cieli che son' ragioneuo
li, & intelligenti si come dice il medesimo Phornuto nel luo
go disopra detto, finsero che egli hauesse le corna dritte in
uerso'l Cielo per lequali ei vollero significare i raggi del So
le, & le corna della Luna, & che ei fusse rosso in viso, per di
mostrare la natura de' corpi celesti, i quali gli antichi come
si è detto disopra credettero che fusser' di natura di fuoco,
messongli indosso vna pelle di lonza laquale è tutta indana
iata volendo dimostrar' per quella le stelle, & i varij, & diuer
si colori che adornon' tutto questo vniuerso, si come scriuo
no Phornuto nel luogo allegato disopra, & Seruio gramma
tico nel comento suo sopra la seconda Egloga di Virgilio
dichiarando quel' uerso,

Mecum vna in syluis imitabere Pana canendo

Et quel che segue, secionlo rozo, percioche la natura senza
differenza produce frutti buoni, & cattiui senza ordine alcuno, onde ella ha di bisognio di essere ornata, & regolata
dall'arte, intesa dagli antichi per Mercurio come si è detto

disopra

difopra, Dio d'ogni ornamento, diſſero che egli habitaua-
ne i monti, nelle ſelue, & ne i luoghi ſolitarij, volendo dimo
ſtrar' per queſto che il mondo è vnico, & ſolo, come ſcriue
Phornuto nel libro della natura degl'Iddei, diſſero ancora
che egli era libidinoſo, & ſeguitaua la Nimphe, volendo di-
moſtrar' per queſto i ſemi delle coſe che la natura contiene
in ſe, & i vapori che ſi leuon' dalle ſonti, & da fiumi, & dagli
altri luoghi humidi, de quali la natura fa infiniti effetti in q̃-
ſto vniuerſo, come ſcriue il medeſimo Phornuto nel luogo
diſopra detto, dettegli in mano vn baſtone torto chiamato dagli antichi PEDVM, ilquale portauano i paſtori;
onde Virgilio nella v. Egloga dice

At tu ſumme pedum (quod me cum ſape rogaſſet)

Et quel che ſegue, & vna zampognia di ſette canne, ſignificando per quello l'anno che ſi rigira in ſe ſteſſo, come ſi diſſe nel Carro del Sole, & per q̃ſta l'harmonia delle otto Sphe
re celeſti delle quali due ne hanno la medeſima forza, onde
le fanno ſette maniere di ſuoni, come ſcriue Marco Tullio
nel libro del ſognio di Scipione, meſtegli in capo vna ghirlanda di pino per dimoſtrare per queſto albero alto, & che
naſce nè monti l'altezza della natura, & la nobiltà ſua, & i
luoghi che queſto Dio habitaua uolétieri, come ſcriue Phor
nuto nel libro della natura degl'Iddei, diſſero oltre a di queſto che da lui naſceuon' quei romori, & ſpauenti ſubiti, che
non haueuan' cagione alcuna, onde gli antichi gli chiamarő
Panici, percioche le greggi ſpeſſe fiate ſi ſpauentano ſubita-
mente per qualche romore che eſce dalle grotte, o da qualche luogo cauernoſo, & ſolitario, ſi come ſcriue Phornuto
nel luogo allegato diſopra. Finſe adunque l'authore per il
Carro di queſto Dio vna ſelua nella quale era vna ſpilonca
doue egli era à ſedere nella forma, & habito diſopra detti, &
lo fece tirare a duoi Bechi bianchi per la ſimigliăza che queſto Dio ha con queſto animale, onde gli Egyptij l'adorauő
ſotto la forma d'un Becho, percioche fuggendo egli l'impeto de'giganti in Egitto egli ſi era conuertito in queſto animale, come ſcriue Luciano nel libro de'ſacrifiinj, & in compagnia

pagnia à questo Carro l'authore dette primieramente duoi
Satiri, i quali egli figurò come ordinariamente si fingono i
Satiri da tutti, & oltre à questi, duoi Siluani della medesima
forma che i Satiri ma vechi, & coronati di Ferule, & di gigli
percioche Virgilio nella x. Egloga dice

Venit & agresti capitis syluanus honore.

Florentes ferulas, & grandia lilia quassans

Et quel che segue, dette loro in mano vn'ramo d'Arcipresso per vno, percioche Syluano amò vn'fanciullo che haueua vna Ceruia dimesticha, laquale Syluano vccise non volédo, perche quel'fanciullo sene morì di dolore, onde Siluano
lo conuertì in Arcipresso, & portaua seco per la memoria di
quel' putto de'rami di quell'albero, si come scriue Seruio
grammatico nel conimento suo sopra il primo libro della
Georgica di Virgilio esponendo quel'verso

Et teneram ab radice ferens Syluane cupressum

Et quel che segue, oltre à Syluani furon' messi in cópagnia
di questo Carro duoi Fauni in forma pur'di Satyri ma coro
nati d'Alloro, & con vn'gatto per vno in sù la spalla dritta,
percioche si come scriue Marco Varrone nel sexto libro del
la lingua latina questi Fauni furon'Dei de'latini, & detti Fau
ni, a *Fando* che vuol'dire parlare, percioche eglino eran'soli
ti di fauellare nel'luoghi faluatichi, & solitarij, & predire an
cora le cose aduenire, si come scriue Marco Tullio nel primo libro de *Diuinatione*, perche il ritrouator'della maschera
ta gli coronò d'Alloro, percioche l'Alloro appresso agli antichi era segno di prophetia, perche Claudiano nel terzo libro delle lodi di Stillicone dice,

Littora fatidicas attollunt Delia lauros

Et Eustathio commentator' d'Homero nel commento suo
sopra il primo libro dell'Iliade dice che da'l romore che face
ua l'Alloro quando egli si abbrucciaua gli antichi propheta
uano dell'aduenimento delle cose. Il gatto in sù la spalla de
xtra fu dato loro, percioche Pausania negli Eliaci scriue che
in Olimpia era vna statua di Trhasybulo propheta, laquale
haueua vn'gatto in sù la spalla dextra, dopo à questi Fauni

venne

venne Syringa Nimpha amata da Pan', laquale fuggendo
vn'giorno da lui pregò le Naiade fue forelle che la transfor-
maffero in canna, ilche fu fatto, fi come fcriue Ouidio nel
primo libro delle transformationi quando ei dice

Tum deus Arcadiæ gelidis in montibus inquit

Et quel che fegue, perche l'authore finfe per Siringa vna fanciulla che fi conuertiffe in canna, & dopo à quefta meffe Py-
thi Nimpha amata anche da Pan, laquale effendo amata dà
Rouaio, & da Pan, per gelofia fu da Rouaio fpinta in vn'
monte di fafsi, perche ella tutta fi ruppe, & fu dalla terra per
pietà conuertita in Pino, onde quefto albero è confacrato
à Pan, & egli fene fa ghirlande, fi come fcriue Conftantino
nello vndicefimo libro delle coltiuationi, onde egli dice anche che quefto albero volentieri fa ne'luoghi volti a tramó-
tana, percioche quando quefta fanciulla fu conuertita in pino ella era uolta in verfo quella parte del cielo, & quando
trahe Rouaio pare ancora che quefto albero fi rammarichi,
& pianga, appreffo à Pithi venne Pale Dea de' paftori della
quale ragiona Virgilio nel terzo libro della Georgica doue
ei dice

Te quoq; magnia Pales, erte memorabile canemus

Et quel che fegue, & à quefta Dea i Romani haueuono ordinate le ferie chiamate dal nome fuo Palilie fi come dice
Marco Varrone nel v. libro della lingua latina, lequali fi faceuan'd'Aprile come fcriue Fefto Pompeio, accioche per l'a-
iuto di quefta Dea i lupi non faceffer' danno alle greggi ne
agli armenti, & che gli fteffer'fani, & partoriffer'felicemen-
te, fi come dice Ouidio nel quarto libro de'Fafti quando ei
dice

Nox abijt, oriturq; Aurora: Palilia pofcor
Non pofcor fruftra, fi fauet alma pales

Et quel che fegue, quefta adunque l'authore vefti à vfo di
paftora, & dettegli in mano un vafo pien'di latte, & meffe-
gli in capo vna ghirláda d'herba Medica, percioche fi come
fcriue Plinio nel diciottefimo libro della Hyftoria naturale
ella è tanto vtile à beftiami che fe ei fene deffe lor'tanta che

eglino

eglino fene fatollaffero, la genererebbe in loro tanto fan-
gue che'bifognerebbe poi cauarne loro, dopo a quefta Dea
venne Bubona detta da'buoi come Pomona da'pomi, laqua
le gli antichi inuocauono accio che p l'aiuto fuo i buoi la fa
cefter'bene, & ſiſta il ritrouator' della mafchereta vefti a ufo
di paftora còn vna acconciatura in capo che ui era fu vna tefta di Bue con il collo, & doppo à quefta Dea véne Mviagro
Dio delle mofche, del quale dice Paufania nell'Arcadica che
quando gli Arcadi faccuan' certi facrifizij à Pallade eglino
inuocauon'primieramente Mviagro, & eron'poi ficuri che
in quei facrifizij le mofche non dauon'lor noia alcuna, & ſ
fti l'authore vefti di bianco, & fecegli erupier'la vefte, & l'ac
conciatura del capo, di mofche, & in capo gli meffe vna ghir
landa di fpondilio, percioche le mofche appetifcano maraui
gliofamente il fugo di quefta pianta, fi come fcriué Plinio
nel ventiquattrefimo libro della hyftoria naturale, dettegli
in mano la Claua d'Hercole, percioche Solino nel primo libro delle cofe marauigliofe del mondo fcriue, che in Roma
nel mercato de'buoi era vna cappella confecrata a Hercole
nel portico della quale era ancora la fua Claua, & dentro alla cappella miracolofamente non entrauan'ne mofche ne ca
ni. Vltimamente véne Euandro, ilquale fu il primo che in
ftalia infegnaffe facrificare à Pan, fi come fcriue probo gram
matico nel fuo commento fopra il primo libro della Georgica, dichiarando quel'uerfo di Virgilio

Pan onium cuſtos, tua ſi tibi Mænala cura

Et quel che fegue, & quefti l'authore vefti di porpo
ra alla greca con la benda bianca in-
torno al capo, & gli det-
te in mano lo
fcettro
reale, & qui fini il triompho di Pan.

N

Sedicesimo Carro di Plutone, & Proserpina

Enne dopo il Triompho di Pan quel' di
Plutone rè dello inferno, come è cosa ma
nifesta à ognuno, il quale l'authore finse
ignudo, spauentoso in vista, con vna ghir
landa d'arcipresso in capo, & in mano vn'
piccolo scettro, la cagione perche egli lo
finse ignudo su per dimostrare che l'anime de' morti vanno
nel regnio suo senza corpo, & senza alcun'altra cosa, come
scriue Platone nel Cratylo, onde Messer Francesco Petrarca nella Canzone

  Italia mia   dice
  Che l'alma ignuda & sola
  Conuien' ch'arriui à quel dubbioso calle

Et quel che segue, fecelo spauentoso in vista come par'con
ueneuole che sia quello che ha à gastigare tutti gli scelerati
secondo che meritano gli error'loro, meslegli in capo la corona d'arcipresso, percioche questo albero è cósecrato a lui
si come dice Plinio nel sedicesimo libro della Hystoria natu
rale, onde ei si metteua anticamente alle case quando ei ui
moriua qualcuno per segnio del mortorio, la ragione ne rē
de Festo Pompeio, percioche questo albero quando è taglia
to vna volta non rimette mai piu, si come de' morti non è da
sperar'piu cosa alcuna, dettegli in mano lo scettro reale ma
piccolo, per dimostrare che egli è Rè della vltima, & piu bas
sa parte dell'uniuerso, & in su questo medesimo Carro di
Plutone, il ritrouator' della mascherata, messe Proserpina
sua moglie, la quale egli vestì di vna uesta bianca ornata quā
to su possibile, & fece dipignere in su la veste Thetide vestita di color' Cilestro, che haueua nel braccio dritto il Sole in
forma d'un'piccol'fanciullo che gettaua vn'poco di fuoco p
la bocca, & per il naso, & nel braccio manco la Luna in for
ma di piccola fanciulla con due cornette in capo, nella qual'
maniera Proserpina è figurata da Claudiano nel secondo li
bro

bro del rapto di Proserpina quando ei dice

Quas inter, Cereris proles, nunc gloria matris

Et quel che segue, messela in mezo à due Nimphe dellequa
li vna haueua in mano vña palla, & l'altra vna chiaue, percio
che Pausania nel primo libro degli Eliaci scriue che in vn'la
to dell'arca di Cypsèlo erano scolpiti Plutone, & Proserpina in questa maniera, del che rendendo la ragione dice che
la chiaue è insegnia di Plutone, percioche il regno suo è di
maniera serrato che niuno può ritornar' di la entro à viui,
onde Virgilio nel sexto libro dell'Eneide dice.

Sed reuocare gradum superasq; euadere adauras

Hoc opus, hic laborest, paucii quos equs amauit

Et quel che segue, aggiunse oltre à Proserpina, & le due
Nimphe l'autore in su q̃sto Carro Cerbero à piedi di Pluto
ne, ilquale'egli finse vn cane con tre capi tutti sanguinosi cõ
certi serpenti in ciascheduñ' de'capi che leccauan' quel sangue che vi era su, haueua il collo pien di vipere in iscambio
di peli, & per coda vn'serpente, nella qual maniera egli è
descritto da Seneca nella Tragedia di Hercole furioso doue
ei dice

Hic seuis vmbras territat Stygius canis

Et quel che segue, & questo Carro il ritrouator' della mascherata sece tirare da quattro cauagli neri guidati da vn'mõ
stro infernale, percioche Claudiano nel primo libro del rap
to di Proserpina scriue, che il Carro di Plutone è tirato da
quattro cauagli de'quali ei mette anche i nomi quando ẽ
dice

Orphneus crudele micans, Ethonq; sagitta

Et quel che segue, & in compagnia di questo Carro furon'
messe primieramẽte tre furie isernali, la cui descrizzione l'au
thore cauò del nono canto dello'nferno di Dante quando
ei dice,

Oue in vn'punto vidi dritte ratto

Tre furie infernal' di sangue tinte

Che membra femminili haueano & atto

Et con hydre verdissime eran'cinte

Serpentelli & colastre hauean per crine
Onde le sicre tempie erano auuinte

Perche l'authore le vesti di rosso, & le cinse, & adornò loro
il capo delle serpi disopra dette da Dante, dopo le sutie vennero duoi Centauri, Nesso & Astylo, percioche questo me
desimo poëta nel dodicesimo canto dello nferno mette trà
gli altri Centauri Nesso à guardia del pozzo del sangue che
bolle, quando ei dice

Et tra'l piè della ripa, & essa in traccia
Correan Centauri armati di saette
Come solean nel mondo andare à caccia

Onde il ritrouator della mascherata armò ciaschedun di loro d'uno arco, & d'un Turcasso; & à Astylo dette in mano
vna Aquila, percioche egli su vn di quegli indouini che pro
phetauano quel che doueua aduenire per il volar degli vecegli, si come scriue Ouidio nel dodicesimo libro delle tran
sformationi doue ei dice

Quiq; suis frustra bellum dissuaserat augur
Astylos, ille etiam metuenti vulnera Nesso
Ne suge, ad Herculeos, inquit, seruaberis arcus

Et quel che segue, hor perche l'Aquila appresso à tutte le
nationi su sempre mai segnio di gran felicità, & di grandi
aduenimeti, come si può vedere appresso à tutti gli hystori
ci, perciò l'authore la dette in mano à questo Centauro che
su dagli antichi gentili tenuto propheta, dopo à questi duoi
Centauri su messo Briareo gigante con cinquanta capi che
Gettauon suoco per la bocca, & per il naso, & cento mani,
delle quali le cinquanta dritte haueuano vna spada p vna, &
le cinquanta manche haueuano vno scudo medesimemen-
te per vna, nella qual maniera egli è figurato da Virgilio nel
decimo libro dell'Eneide doue ei dice

Aegeon qualis, centum cui brachia dicunt

Et quel che segue, & nel sexto libro più dell'Eneide dice

Et centum geminus Briareus, & bellua Lernæ

Et quel che segue, appresso à Briareo vene Acheróte vn de
fiumi dello nserno, il quale l'authore finse vn fiume di color
tanè

ta figurò vn'fiume tutto nero, che per il vafo fuo gettaua ac
qua medefimamente nera, ilche fu fatto, percioche Virgilio
nel fexto libro dell'Eneide dice defcriuendo quefto fiume
Cocytusq; finu labens circumfluit atro
Et quel che feguè, venne dopo Cocyto la palude Styge, laquale il ritrouator' di quefta mafcherata finfe vna Nimpha
di color'cileftro fcuro che per il vafo che ella haueua in collo verfaua acqua del medefimo colore che era ella, & quefto
percioche Hefiodo nella Theogonia fcriue, che Styge fu figliuola dell'Oceano, & molto grata à Gioue, onde ella heb
be da lui quel priuilegio che gl'Iddei che giurauon pe'l nome fuo non poteuan'mai mancare di nò far'quello che egli
no haueuan giurato per quel nome di fare, feguitò la Palude Styge, Phlegetonte anche egli fiume infernale, ilquale
l'authore finfe vn'fiume tutto roffo con il fuo vafo incollo
medefimamente roffo che verfaua acqua roffa laquale pare
ua che bolliffe, ilche egli fece per accomodarfi al nome del
fiume, & feguitar la fentenza di Dante nel quattordicefimo
canto dello'nferno quando ei dice
In tutte tue quiftion'certo mi piaci
Rifpofe, ma'l bollor'dell'acqua roffa
Douea ben'foluer'l'una che tu faci
Et quel che fegue, dopo Phlegethonte vène Caronte, ilqua
le il ritrouator'della mafcherata finfe come lo figura Dante
nel terzo canto dello'nferno doue ei dice
V n'vechio bianco per antico pelo
Et quel che fegue, & poco difotto
Caron'dimonio con gli ochi di bragia
Lor'accennando tutte le raccoglie

Batte

Batte co'l remo qualunque s'adagia

Et quel che fegue, dopo a queſti quattro fiumi infernali,&
Caronte, venne il quinto chiamato dagli antichi Lethe, il
quale l'autore finſe vn fiume pallido, magro, & ſtrutto quā
to fu poſsibil' fingerlo,& gli dette in mano vn vaſo come ſi
da agli altri, fiumi ma che verſaua l'acqua per tutto & non
ne riteneua punto, percioche Platone nel decimo libro del
la Republica dice che i campi del fiume Lethe ſono ſterili &
priui d'alberi,& di tutte quelle coſe che produce la terra, &
che l'acqua del fiume Amelita che ſignifica il medeſimo che
Lethe, niun vaſo la puo ritenere, dopo Lethe vennero i tre
giudici infernali Minos, Eaco,& Rhadamanto, ſi come ſcri
ue Platone nel Gorgia,& di queſti l'authore veſti Minos in
habito di Rè con lo ſcettro in mano, ſi come lo deſcriue Pla
ton medeſimo nel Menone,& gli fece vna maſchera che pá
reua che ghignaſſe, percioche Dante nel quinto canto dell-
lo'nſerno dice,

Stauui Minos horribilmente & vinghia

Et quel che fegue,& Rhadamanto,& Eaco furon' veſtiti di
nero a vſo di Giudici, ſi come Platon medeſimo ſcriue ne'
luoghi diſopra detti che'furono, & che'ſeruirono a Minos
per giudicar'le cauſe che gli veniuono innanzi, paſſati i tre
giudici dello'nſerno, vène Phlegyas Rè de Lapithi, ilquale
fu padre di Choronide Nimpha, con laquale Apollo ſi giac
que, onde Phlegias per vendicarſi di quell'oltraggio, abbru
cio il tempio di Phebo,& perciò fu vcciſo da lui con le ſaet
te, come ſcriue Seruio commentator'di Virgilio nel commē
to ſuo ſopra il ſexto libro dell'Eneide dichiarando quei ver
ſi di Virgilio

In fœlix Theſeus, Phlegiasq; miſerrimus omneis
Admonet, & magna teſtatur voce perumbras

Diſcite Iuſtitiam moniti, & non temnere diuos

Et quel che ſegue. onde l'authore lo figurò in habito di Rè
paſſato per lo petto da vna freccia, & in mano gli dette vn'
tempio che ardeua, ſeguitò Phlegyas Siſypho che portaua
il ſaſſo che egli è condannato à portare nello'nſerno in ſu

VD

vn monte,onde Ouidio nel quarto libro delle transformationi dice

Aut petis, aut vrges, ruiturum Sisyphe saxum

Et quel che segue, & dopo Sisypho venne Tantalo condan
nato nello'nferno à stare nell'acqua insino alla gola, & non
ne poter'bere, & hauer frutte bellissime presso alla bocca, &
non ne poter'manicare, perche Ouidio nel luogo disopra
detto dice

Iugeribus distractus erat, tibi Tantale nulla

Deprhenduntur aqua: quaq; imminet effugit arbor

Et quel che segue, dopo à questi, vennero da' campi Elysij
(doue secondo che credeuano i gentili stauano l'anime de'
beati) Giulio Cesare & ottauiano, vestiti come ordinariamẽ
te si vestono gl'Imperadori, ma Giulio Cesare haueua di
piu vna stella in fronte come si vede nelle medaglie antiche
scolpita la testa sua, dopo questi duoi Imperadori vennero
due donne famose, Penthesilea regina delle Amazone, che
venne in fauor de' Troiani à Ilio, & questa l'authore vestì al
la antica con la benda bianca intorno al capo, & in mano gli
dette l'hasta & la pelta, che era vno scudo fatto a vso di Luna che vsauano l'Amazone, onde Virgilio nel primo libro
dell'Eneide dice,

Ducit Amazonidum lunatis agmina peltis

Penthesilea furens medijsq; in millibus ardet

Et quel che segue, & dopo à lei venne Tomiri Regina de'
Massageti armata alla antica con l'arco, il Turcasso, & la spa
da allato, & vestita tutta di nero, per essere ella stata vedoua,
& essergli stato veciso da Ciro Rè de Persi il figliuolo, il qua
le ella vendicò con tanta sua gloria, come si legge appresso à
Herodoto in Clio, & queste furon l'ultime figure del Triõ
pho di Plutone.

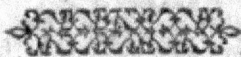

Diciassettesimo Carro di Cybele.

DOPO al Carro di Plutone venne Cybele Dea della terra, laquale il ritrouator' della mascherata finse vna matrona con vna acconciatura in capo che vi era su vna corona di torri, percioche Virgilio nel sexto libro dell'Eneide scriue

Felix prole virum, qualis Berecynthia mater
Inuehitur curru Phrygias turrita per urbeis

Et quel che segue, & in dosso gli messe vna veste ricamata di varie maniere d'alberi, & d'herbe, & i manò gli dette vno scettro reale, & la messe à sedere, in su vn carro quadro per mostrare la fermezza, & stabilità della terra, & in sul medesi mo Carro doue era ella à sedere, messe parecchi sedie uo te, percioche in questo modo è descritta Cybele da Messer Giouan' Boccaccio nel terzo libro della geneologia degl' Id dei, & adornò di piu questo Carro l'authore delle dipintu re di quattro Fauole di questa Dea, la prima delle quali fu quando essendo la naue che la portaua a Roma incagliata al la foce del Teuere, Claudia Quintia vna delle vergini Vesta li, che insieme con le matrone Romane gli era ita incontro, appiccò vna corda, & altri dicono il suo cintolo alla naue & miracolosamente la tirò suori di quella secca, si come scri ue Ouidio nel quarto libro de Fasti quando ei dice

Sicca diu fuerat tellus: sitis usserat herbas
Sedit limoso sessa carina vado

Et quel che segue, la seconda su quando ella su portata in ca sa di Scipion' Nassica, eletto da l senato per il migliore huo mo di Roma, in casa ilquale la doueua esser' portata, seco do che gli ambasciadori che erano iti per questa Dea haue uan' rapportato al senato che i sacerdoti suoi in Pessinunte haueuan' comandato per parte delle Dea, ilche scriue Tito Liuio nel nono libro della prima deca, la terza dipintura su, quando Cybele è visitata da Cerere in Phrigia poi che el

la

la haueua nascosto Proserpina in Sicilia, raccontata da Clau
diano nel primo libro del Rapto di Proserpina quando egli
scriue

Hic ubi seruandum mater fidissima pignus
Abdidit, ad Phrygios tendit secura penates

Et quel che segue, l'ultima su quando Cybele suggendo in
Egitto con gli altri Dei l'impeto de' Giganti si conuerte in
Merla come scriue Messer Giouan Boccaccio nel quarto libro della geneologia degl'Iddei de' gentili. Questo Carro
adunque su tirato da duoi Lioni, percioche Virgilio nel ter
zo libro dell'Eneide fa tirare il carro di Cybele da questi ani
mali quando ei dice

Hinc mater cultrix Cybele, Corybantiaq; Aera
Idæumq; nemus, hinc fida Silentia sacris
Et iuncti currum dominæ subiere Leones

Et quel che segue, & in compagnia gli dette primieramente dieci Corybanti armati alla antica iquali faceuan'certi mo
uimenti di capo, & di tutto il corpo simiglianti à quegli che
fanno tal'hora i mattaccini, si come scriue Strabone nel deci
mo libro della sua Geographia che eglino andauon' facen
do ne' sacrifizij di questa Dea, & dopo à Corybanti furon'
messi Scipion'Nasica, & Claudia Quintia vergine Vestale,
& due Matrone Romane per la cagione disopra detta, de'
quali Scipion'Nasica fu vestito con la toga Romana secondo che ella è descritta da Quintiliano nell'undicesimo libro
& come la si vede ancora ritratta ne' marmi antichi, & di
questo medesimo habito furon' vestite Claudia Quintia,
& le due matrone Romane ancora, percioche la toga fu vna
veste che vsauan' non solamente gli huomini Romani ma
ancora le donne come scriue Plinio nell'ottauo libro della
Hystoria naturale, & Quintiliano nel luogo disopra allegato, ma à Claudia Quintia fu messo in capo vn panno bianco quadro affibbiato sotto la gola con vn cappio, & banda-
to intorno intorno come scriue Festo Pompeio che portauono in capo le vergini Vestali, & alle due matrone Roma
ne oltre allo hauer' fatti loro i capegli neri fu messo in capo

vn velo giallo aranciato, percioche le donne Romane anda
uano cō il capo coperto con vn velo come scriue Plutarcha
ne'Problemi Romani, & come si vede ancora ne'marmi antichi, & Iuuenale nella sexta Satyra scriue di Messallina

Et nigrum flauo crinem abscondente galero

Et quel che segue, per le qua'parole si vede che le donne ro
mane portauano i capegli neri, & dopò à queste figure ven
ne Aty amato da Cybele come si vede per quel che scriue
Ouidio nel decimo lib. delle transformationi quãdo ei dice

Et succinēla comas, hyrsutãq; vertice pinus
Grata deum matri,siquidem Cybeleius Atys
Exuit hac hominem,truncoq; Induruit illo

Et quel che segue, & questi l'authore vesti come scriue il me
desimo Ouidio nel secondo libro delle trãsformationi quãdo ei dice

Dato; animos. erat Indus Atys quem flumine Gange

Et quel che segue, cioè vn giouane vestito riccamente à vso
di cacciatore con vn collar d'oro a collo, & qui fini il Triom
pho di Cybele

Diciottesimo Carro di Diana

ENNE dopo il Triompho di Cybele, il car
ro di Diana, ilquale il ritrouator'della ma
scherata adornò delle dipinture di noue
Fauole di questa Dea, delle quali la prima
fu quando ella conuerti Arethusa Nimpha che fuggiua da Alpheo fiume, in fon
te, raccontata da Ouidio nel quinto libro delle transformationi doue ei dice

Quo properas Arethusa? suis Alpheus ab undis

Et quel che segue, la secóda fu quando essendo morto Hyp
polito, Diana prega Esculapio che lo risusciti, narrata da
Ouidio nel quindicesimo libro delle transformationi qum
do ie dice

Exdo ei dice

Hic posuit, nomenq; simul quod possit equorum

Et quel che segue, la quarta fu quando bagnandosi Diana
in vna fonte con le sue nimphe, scuopre Cinthia che era gra
uida di Gioue, & la caccia via, & non la lascia bagniare in
quel fonte doue si bagniaua ella con l'altre Nimphe, & que
sta racconta anche Ouidio nel secondo libro delle transformationi quando ei dice,

I procul hinc, dixit, nec sacros pollue fontes

Et quel che segue, la quinta fu quando Alpheo fiume essen
do innamorato di Diana, & non potendo fare ne con preghiere ne in alcu altra maniera che ella uolesse esser sua spo
sa, finalmente egli gli uolle far forza, perche Diana fuggendo
lo conduße insino à Letrino città di Grecia, doue si faceuan'
la notte dalle Nimphe certi balli a'quali Diana si ritrouaua,
& giunta quiui imbrattò il uiso col fango à se, & a tutte le
sue Nimphe che eran quiui, perche Alpheo non potendo
cognoscer Diana dall'altre Nimphe si parti beffato, si come
scriue Pausania nel sexto libro dalla Grecia, la sexta fu quan
do ella & Phebo suo fratello uccidono con gli archi i figliuo
li di Niobe, raccontata da Ouidio nel sexto libro delle transformationi quando ei dice,

Desine Phœbus ait: pœne mora longa querela est

Et quel che segue, la settima quando per non gia essere stati fatti sacrifizij come agli altri Dei, ella manda il Cignal'Ca
lydonio che guastaua tutto il paese d'Etolia, scritta da Ouidio nello ottauo libro delle transformationi quado ei dice,

Tangit & ira deos: at non impune feremus

Et quel che segue, l'ottaua fu quando Acteone fu conuertito da Diana in Ceruio, narrata da Ouidio nel terzo libro del
le transformationi quando egli scriue

Nunc tibi me posito uisam uelamine narres

O ij

le Laudi di Stillicone quando ei dice

Et pharetra tarum comitum inuiolabile cogis
Concilium, veniunt humeros & brachia nude

Et quel che segue, & có ǫ̃ste Nimphe venne Virbio, ilquale
l'autore finse vn giouane vestito riecaméte có vna ghirláda
di mortine tutta forata incapo, & in vna mano haueua vn
cochio rotto, & nell'altra vn mazo di capegli, ilche fu fatto
dall'authore, peioche Paufania ne' Corinthiaci scriue che ap
presso à Troezenij le vergini innázi alle noze loro si taglia-
uano i capegli, & gli cófecratano nel tépio d'Hyppolito, &
che apǫ̃sto à costoro era anche vna parte del suo carro, ilqua
le gli si era rotto in su'l lito del mare, quádo egli fuggiua da
Theseo suo padre, adirato seco p il falfo che Phedra sua matri
gna gli haueua appofto, & haueano àche ǫ̃sti medesimi vna
mortine alla quale Phedra disopra detta có vno ago haueua
forate tutte le foglie, p alleggerire in quella maniera, il tor-
mento che ella sostencua per l'amore che ella portaua à Hyp
polito suo figliastro, & cosi finì il Triompho di Diana.

Dicianouesimo Carro di Cerere

SEGVIRÒ il carro di Diana ǫ̃l di Cerere, ilqua
le su adornato anch'egli delle dipiture di
noue fauole di ǫ̃sta Dea, che vna su quádo
Pluto Dio delle richeze nasce di lei & di Ia
fio Heroe ne' cápi di Creti, come scriue He
fiodo nel fine della Theogonia, l'altra su
quádo, ella fa fuggir Triptolemo da carnabuta Rè de' Geti
che lo uoleua uccidere, & pciò gli haueua fatto àmazare vn
de' duoi draghi che tirauano il carro ilquale cerere gli haueua dato accioche egli andaffe pe'l módo infegniádo agl'huo
mini la coltiuatió de' cápi, pche cerere lo fece mótare a caual
lo i su l'altro dragho che era rimafo viuo, & lasciare il carro,
& fuggire, si come scriue Hygino apǫ̃sto al Gyraldo, la terza
fu quádo ella nascóde Proserpina in sicilia, raccótata da clau
diano nel. j. libro del rapto di Proserpina quádo ei dice

Flaua Ceres, raptusq; timens (heue ea futuri)

Commendat siculis furtim sua pignora terris

Et quel che segue, la quarta di pintura fu quando Cerere ha
uendo lasciata Proserpina in Sicilia sene va in Phrigia à veder' Cybele sua madre, il che scriue Claudiano nel primo li
bro del Rapto di Proserpina,

Hic vbi seruandum mater fidissima pignus
Abdidit, ad Phrygios tendit secura penates

Et quel che segue, la quinta fu quando Cerere standosi cõ
Cibele sua madre, Proserpina gli apparisce in sogno, & gli
mostra il cattiuo stato inche ella si troua, ilqual sognio racconta Claudiano nel terzo libro del Rapto di Proserpina dõ
ue ei dice

At procul armisoni Cererem sub rupibus antri
Securam placidamq; diu, iam certa peractli
Terrebant simulachra mali, noctesq, timorem

Et quel che segue, per la qual cosa Cerere delibera di tor-
narsene in Sicilia, & vedere come sta Proserpina sua figliuo
la, ilche scriue il medesimo Claudiano nel medesimo libro
quando ei dice

Iam non vlterius Phrygia tellure morabor

Et quel che segue, & questa fu la sexta dipintura, la settima
fu quando essendo nato Triptolemo, ella lo laua, & gli da il
latte, ilche scriue Seruio grammatico nel commento suo so
pra il primo libro della Georgica, dichiarando quel verso
di Virgilio

Tardaq; Eleusinæ matris voluentia plaustra

Et quel che segue, l'ottaua fu quando la torna in Sicilia, &
non gli troua Proserpina, onde la delibera d'andarne cercan
do per tutto il mondo, si come scriue il poeta disopra detto
nel terzo libro del Rapto di Proserpina doue ei dice

Quin potius natam pelago terrisq; requiris?

Et quel che segue, l'ultima fu quando Cerere cercando di
Proserpina arriua alla palude Cyanis, & quiui ritroua il cin
tolo della figliuola, onde ella adirata speza, & rompe tutti
gl'instrumenti da lauorar la terra, si come scriue M. Giouã
Boccaccio nell'ottauo libro della Geneologia degl'Iddei de'

Gentili

Gentili,& in su questo Carro fu messa Cerere à sedere, & vestita in quel modo che la finge Eusebio nel terzo libro del la preparatione Euangelica, cioè vna matrona co vna ghir landa di spighe in capo & vn mazo di spighe & di papaueri in mano, della qual cosa rendendo questo scrittore la ragio ne dice, che gli antichi per Cerere intesero la terra piana, & fertile, onde ei gli dettero il papauero ilquale è segnio di do uitia & di fertilità, ma il ritrouator di questa mascherata ol tre à queste cose gli feci capei rossi, percioche Cerere da tutti i poeti è chiamata Flaua, & gli messe in capo vna cela ta, percioche Pausania nell'Arcadica scriue che in vn' quer cieto d'Arcadia era un tempio di Cerere Corythensa che significa che ella ha la celata, & questo carro con questa Dea l'authore fece tirare à duoi Draghi, da' quali communemen te dicon'tutti i poeti che è tirato il carro di Cerere, la onde Claudiano nel primo libro del rapto di Proserpina dice

Turrigeramq; petit Cybelem, sinuosa draconum
Membra regens, volucriq; per aria nubila tractu.

Et quel che segue, doue questo poeta descriue anche la for ma di quei serpenti che tirauano il carro di cerere, nellaqual maniera eron fatti quei Draghi che tirauano il Triompho di Cerere in questa mascherata. In compagnia adunque di questo Triompho il ritrouator della mascherata messe pri mieramente due fanciulle vestite di bianco, che una di loro portaua vna paniera di fiori, & l'altra vna paniera di spighe, percioche à cerere Eleusina si faceua sacrifizio di queste co se dalle vergini, si come scriue Pausania nell'Attica, & dopo queste fanciulle vennero duoi fanciugli, due donne, & duoi huomini che menauon'duoi buoi grandissimi, & questi erō tutti vestiti di bianco, & coronati di hyacintho, percioche in questa maniera si faceuano i sacrifizi à cerere chthonia che uuol dire terrestre, si come scriue Pausania ne' corinthia ci, dopo a questi vennero due matrone vestite di bianco che haueuano in capo ghirllande di spighe, & di Agnocasto & in mano spighe di piu sorti & rami d'Agnocasto, percioche in questa maniera si faceuano i sacrifizij à cerere chiamata

da' Greci Thesmophòra, cioè che da le leggi, & in q̃sti sacrifì
zij le matrone grèche osseruano grã castità, onde nel tẽpio
di Cerere disopra detta, le si faceuano i letti di rami di Agno
casto, sì come scriue Dioscoride nel primo libro della mate
ria medicinale, peioche egli spegnie gli appetiti libidinosi,
& di questi sacrifizij ragiona Ouidio nel detimo libro delle
transformationi quando ei dice

Festa piæ Cereris celebrabant annua matres

Et quel che segue, vennero dopo queste matrone, tre Sacer
doti vestiti à vso di Greci pur di bianco, duoi de' quali haue
uano in mano vna saccellina per vno alla antica accesa, & il
terzo haueua in mano vna lucerna alla antica accesa, perciò
che si come scriue Pausania i sacrifizij che si faceuano antica
mente à Cerere d'Aprile si faceuano in questa màniera. Véne dopo à questi Sacerdoti Triptolemo à cauallo in su vn'
drago cõ vno Arotolo in mano per le ragioni disopra dette.
Vltimamente venne Iasio in habito di cacciatore, ilquale fu
amato da Cerere come si è detto disopra, & questi fu la cõpa
gnia che hebbe il carro di Cerere.

Ventesimo Carro di Bacco

PEr il carro di Bacco che venne dopo quel
di Cerere, l'authore fece la Naue di questo Dio descritta da Philostratto nel primo libro delle Immagini, in su laquale era
primieramente Bacco in prua, vestito, à
vso di semmina che rideua, & in poppa
Marone Rè di Trhacia, & per il restante della Naue eran tre
Nimphe, & tre Nani vestiti à vso di Satyri, haueua questa
Naue in iscàbio d'albero il Thyrso cõ la vela di porpora, in
su la quale eran dipinte lẽ Baccanti che andauano scorren-
do su per Tmolo monte di Lydia, si come dice Plinio nel
quinto libro della Historia naturale, perciochein su'l monte disopra detto eran di molte vigne che faceuano suĩßimi
vini

terminaua finalmente la sua prua, in vna panthera, animale
gratissimo à Bacco, si come scriue il medesimo authore nel
luogo allegato disopra, ma perche malageuolmente si pote
ua fare in su la Naue la fonte che sempre gettasse vino, si come scriue Philostrato nel luogo disopra detto che era in su
la Naue di Bacco, perciò il ritrouator della mascherata ordinò che quelle Nimphe, & quei Satyri che vi eran'su, gettas-
fero del vino con certe taze adosso al popolo che staua à ueder la Naue, laqual'pareua che fusse in mare, & mentre che
ella camminaua guizzauano per'quella acqua finta di molti pesci anch'eglino finti, & in compagnia sua era primieramente Syca Nimpha amata da Bacco, che haueua in capo
vna ghirlanda di foglie di fico, & in mano un'ramo di fico
medesimamente con i frutti, & dopo questa venne Staphy-
le Nimpha amata medesimamente da Bacco, coronata di vite con le vue, & in mano haueua vn'tralcio di vite pien d'u-
ua, ne vollero gli antichi gentili per queste due Nimphe si
gnificar'altro se non che Bacco su ritrouator'del vino che si
fa dell'vue come è cosa manifesta à ognuno, & del fico, onde ei fu chiamato dagli antichi Syccate, come scriue Hesy-
chio, che uuol'dire di fico, & Phornuto nel libro della natura degl'Iddei scriue che gli antichi gli sacrificauano il Becco
percioche egli fa danno alli viti & à fichi, perche Ouidio nel
primo libro de'Fasti scriue

Rode caper vitem:tamen hinc, cum stabis ad aram

In tua quod spargi cornua possit, erit

Et quel che segue, dopo à queste Nimphe venne Cisso fanciullo amato da Bacco, si che ballando vn'giorno seco cadde
in terra, & disertossi, perche la terra in honor'di Bacco lo cō
uerti in hellera, si come scriue Costantino nel dodicesimo libro delle Coltiuationi delle ville, perche l'authore finse vn'
putto di sedici anni che si conuertiua in hellera, seguitoron'
Cisso, Sileno vecchio in su vno asino ignudo, legato cō ghirlande di hellera con vna gran'taza di legno tutta consuma-

P

vi à cintola, Egla Nimpha, Chromis, & Mnasylo fanciugli
vestiti a uso di pastoregli, nella qual' maniera tutte queste p
sone son' descritte da Virgilio nella sexta Egloga quando ci
dice,

Pergite Pierides, Chromis & Mnasylus in antro
Silenum pueri somno videre iacentem.

Et quel che segue, & Ouidio nel primo libro de' Fasti dice,

Venerat & senior pando Silenus asello.

Et quel che segue, appresso à Sileno venne Como Dio de'
conuiti, ilquale l'authore finse vn bellissimo giouane senza
barba rosso in viso con vna ghirlanda di rose in capo, & tutto sonnachioso, di maniera che vna faccellina anticha accesa
che egli haueua in vna mano & vno spiede da porci saluatichi che egli haueua nell'altra, stauan' per cadergli di mano,
nella qual' maniera lo descriue Philostrato nel primo libro
delle Immagini, & dopo Como venne la Vbbriacheza, la
quale il ritrouator della mascherata finse vna vechia rossa,
che ridesse, vestita di rose seche, & in mano gli dette vn' gran
vaso da bere piè' di vino, & messegli in groppa al cauallo vna
pathera, la cagione adunque perche egli finse l'Vbbriacheza vechia, fu per dimostrare che il ber troppo vino, fa che
gli huomini diuengon' deboli, & inuecchiano piu presto,
che eglino non inuechierebbero naturalmente, & la pante
ra gli fu data in groppa al cauallo per essere ella gratissima à
Bacco, si come è detto disopra, & per dimostrare ancora in
quel modo che gli Vbbriachi son' furiosi & di costumi cru-
deli & feroci, come son' le panthere, lequali non si adimesti-
con' mai, si come scriue Aristotele nel primo libro dell'Hystoria degli animali, dopo la Vbriacheza venne il riso, ilqua
le l'authore finse vn' giouane che ridesse, vestito di bianco,
& i mano gli dette il Gnaphione che vsano di pigliare i Tur
chi per istare allegri & senza pensieri, & dopo al Riso venne
ro duoi huomini Bachanti, & due donne Bachanti, i quali
l'authore vesti a uso di pastori, & di Nimphe, percioche gli
antichi gentili fingeuano che tutti costoro che seguitauan'
Bacco habitassero uolentieri i monti, & i luoghi solitarij vo
lendo

nelle campagne & non nelle citta, si come scriue l'hornuto
nel libro della natura degl'Iddei, venne dopo questi Bachari
ti, Semele madre di Bacco, laquale l'authore finse vna bellissima fanciulla tutta affumicata p essere ella stata vccisa daGio
ue con vn solgore per inganno di Giunone , si come è cosa
nota à ognuno, & in questa maniera la descriue Philostrato
nel primo libro delle Immagini. Vltimaméte véne Narceo,
ilquale fu il primo che ordinasse sacrifizij , & honori à Bacco, si come scriue Pausania nel quinto libro della Grecia, do
ue egli dice anche che costui sece guerre con i suoi vicini, &
arrichi, pche l'authore lo figurò armato all'antica, & gli mes
se in groppa al cauallo vn Becco, percioche di questo anima
le si faceua sacrifizio à Bacco, si come è detto disopra, & que
sta fu l'ultima figura del Triompho di Bacco.

Ventunesimo Carro di Iano

I come per il Triompho di Bacco, il ritrouator' della mascherata sece la Naue disopra detta, cosi per il Carro di Iano che ven
ne subitamente dopo quel di Bacco, egli
sece il monte Ianiculo vn de sette colli di
Roma, nominato cosi da Iano, & quello
adornò di dodici altari alla antica, percioche Macrobio nel
primo libro de' Saturnali scriue che à Iano furon' consacrati
da' Romani dodici altari per i dodici mesi dell'ano che eran'
dedicati a lui, & in su'l carro disopra detto messe Iano, che
haueua due facce vna di nanzi che era d'un'vecchio, & vna
di dietro, & questa era d'un'giouane, & in una mano gli det
te una chiaue, & nell'altra vna bachetta; percioche egli è de
scritto cosi da Macrobio nel lib. allegato disopra, come guar
diano di tutte le porte , & guida, & rettore delle vie , & su
tirato questo carro sul quale era Iano da dubi mötoni bian
chi, percioche ogni anno à noue di di Gennaio i Romani sa

crificauano à Iano vn montone si come scriue Ouidio nel
primo libro de'Fasti quando ei dice,

    Quattuor adde dies ductus ordine Nonis,
    Ianus Agonali luce piandus erit.

Et quel che segue, & poco disotto

    Vtq; & non certa est, Vt rex placare sacrorum,
    Numina lanigeræ coniunge debeat ouis.

Et quel che segue, & in compagnia di questo triompho su
messa primieramente la Religione, & poi le preghiere, pcio
che gli antichi Romani in ogni sacrifizio ch'ei faceuano à
qualunque dio, primieramente inuocauan'Iano, percioche
egli fu il primo che facesse in Italia tempij agl'Iddei, & ordinasse i sacrifizij, & accioche egli per le sue porte mandasse
le preghiere di color'che sacrificauano à quelloDio che egli
no inuocauono in quel sacrifizio che faceuano, si come scriue Macrobio nel primo libro de' Saturnali, perche Ouidio
nel primo libro de'Fasti dice

    Præsideo foribus cœli cum mitibus Horis:
    Et redit officio Iuppiter ipse meo

Et quel che segue, figurò adúque l'authore la religione una
matrona d'aspetto venerádo vestita di panno lin'biáco, che
teneua la man dextra aperta, & nellá man manca haueua vn
altare che ui erasu vna fiamma di fuoco, è cosa manifesta à
ognuno che l'altare, & il fuoco per essere stati in uso de'sacrifizij in tutte le religioni, son'segni di religione, & con la mã
dextra aperta si vede scolpita la religione in vna medaglia an
tica di Elio Antonino con queste lettere. PIETAS, sugli
messa indosso la veste di panno lino bianco, percioche gli
Egiptij non uoleuon' che ne'lor'tempij si portassero panni
di lana, ne che i morti si sotterrassero con vesti lane, ma lne,
ne che i sacerdoti loro usassero vesti di panno lino, si come
scriue Herodoto in Euterpe, la ragion' ne rende Plutarcho
nel libro d'Iside & osiride, dicendo, che à Dio non si conuie
ne cosa alcuna che non sia pura, candida, & netta, hor'perche il panno lin' bianco è più puro & netto che non sono i
panni lani, & lauandolo si purga & netta più che il panno

lano,perciò giudicarono gli Egiptij che le vesti di panno li
no fussero piu conueneuoli à sacerdoti, & alle cose che ap-
partégono alla religione che i vestimenti lani, ma per le pre
ghiere l'authore fece due vechie grinze, zoppe, guerce, &
maninconose, vestite di turchino, percioche in questa maniera le figura Homero nel nono libro dell'Iliade, dopo le
preghiere vennero Anteuorta, & Postuorta compagnie
della diuinità, dellequali la prima sapeua quel che haueua a
venire,& per conseguente se le preghiere di quegli che pre
gauon gl'Iddei doueano essere exaudite ò no,& l'altra sape
ua tutto quel che era stato, & per conseguente che fine haueano hauto le preghiere che eano state fatte agl'Iddei ne'té
pi passati,& di queste due Dee ragiona Macrobio nel primo
libro de'Saturnali, finse adunque l'authore, Anteuorta vna
matrona in habito honesto che in vna mano haueua vna lucerna antica accesa,& nell'altra vn vaglio; & in capo vna ac
cóciatura piena di formiche, ilche fu fatto dal ritrouator del
la mascherata, percioche si come col vaglio noi separiamo i
semi cattiui da'buoni, così Anteuorta cognosce, & distigue
le cose che veramente debbono aduenire da quelle che son
false & non aduengono,& si come la lucerna con la luce sua
scaccia via le tenebre della notte, così Anteuorta scaccia via
tutta la scurità dalle cose che hanno à uenire, pcioche ella le
vede, & cognosce innázi, si come le formi he áchora cogno
scono il bisogno che le hanno hauere il uerno, & la maligni
tà di quel tempo; onde le si prouueggono la state di cioche
fa lor di bisogno per il uerno, ma Postuorta fu figurata vna
femmina dinanzi vechia, & vestita di bianco,& didietro gio
uane,& vestita di nero, percioche si come il nero significa
per la scurità sua la ignoranza, così il bianco per la simiglia-
za, che egli hà con la luce dimostra il sapere, liquale è molto
piu ne'uechi che ne' giouani, si come scriue Marco Tullio
nel libro della uechiaia, óde à Postuorta fu fatta la testa di die
tro giouane,& quella dinanzi vechia. Appresso à Anteuor
ta & Postuorta, fu messo il sauore, ilquale si chiede agl'Iddei
accioche le imprese che si fanno habbin quel fine che noi de
sideria

fideriamo,& questo fu finto da'l ritrouator della mascherata vn'giouane ignudo,cieco,con le ali,timido,&superbo in
uista,che teneua i piedi in su vnà ruota,nella qual' maniere-
ra egli è descritto in vno Epigramma latino senza il nome
dell'authore che comincia

Pictor Apellea quid pingis ab arte fauorem?

Et quel che segue,dopo il Fauore vènne il buono Euento,
ò felice fine delle imprese che noi uoglian dire,ilqual l'auto
re figurò come lo descriue Plinio nel xxxIIII. libro dell'Hystoria naturale,cioè vn giouane lieto & uestito riccamente
che nella man'dextrà haueua vna taza , & nella sinixstra un'
papauero,& vnà spiga,seguitò il Felice fine Anna Perenna
Dea,alla quale i Romani faceuan sacrifizio in público, & in
priuato,ogni anno di Marzo,accioche l'anno fusse felice,&
buono,sicome scriue Macrobio nel primo libro de'Saturna
li,& questa l'authore finse una fanciulla con vna ghirlanda
di palma in capo,& una stella in fronte & in mano gli dette
vn'ramo di palma,dissesi disopra,perche cagione gli Egiptij
dimostrauon l'anno per la palma,& quella stella che gli Egi
ptij chiamauon'Sothi significaua appresto di loro l'anno, si
come scriue Horo Egyptio ne'suoi hieroglyphici,onde il ri
ritrouator'della mascherata messe in fronte à questa Dea vna
stella come a capo , & principio dell'Anno , & perche i
Romani faceuan le guerre lor'giuste , &religiose,perciò in
nanzi che eglino mouesser'guerra à alcuno mandauon'primieramente quei sacerdoti che chiamauon'Feciali à richie-
der'quello che coloro a chi eglino voleuan'muouer'guerra
hauean'del popol Romano,si come scriue Marco Varrone,
nel quarto libro della Lingua Latina , di poi apriuano il
tempio di Iano se egli erà chiuso,acciohe questo Dio uscisse
fuori alla guerra in lor'fauore, si come scriue Macrobio nel'
primo libro de'Saturnali,perciò il ritrouator'di questa mascherata messe in compagnia del carro di Iano duoi Feciali i
quali egli uesti cò la toga Romana,&messe loro in capo vnà
ghirlanda di uerminaca,& nella man'manca dette loro vna
troia,& nella dritta vn sasso per uno,ilche egli fece, percioche

che i Feciali appresso a Romani non solamente protextauā
la guerra a'nemici del popol Romano, ma ancora faceuan'le
cirimonie degli accordi, & delle leghe che faceuano i Roma
ni, si come scriue Marco Varrone nel luogo allegato disopra,
& perché nel fare gli accordi, & nel protestar'le guerre i Fe
ciali portauon'la verminaca, si come scriue Plinio nel xxii.
et nel xxv. libro della Hystoria naturale, perciò l'autore mes
se loro in capo le ghislande disopra dette, & pche nel fare gli
accordi tra l'altre cirimonie chefaceuano i feciali, eglino fedi
uano con vna pietra che eglino haueuano in mano, vna tro
ia, si come scriue Tito Liuio nel primo libro della prima de
ca, perciò fu dato loro in mano la troia, & il fasso disopra det
ti, & perche i Romani quando ci voleuon'muouer'la guerra, il consolo insieme con il senato, & i soldati andaua al tem
pio di Bellona innanzi alquale era vna piccola colonna sopra laquale il consolo lanciaua vna hasta, come scriue Festo
Pompeio & Alessandro Napoletano nel primo lib. de'dige
niali, perciò l'authore messe in questo Triompho un'conso
lo con la toga di panno luchesino, & alzata su in modo che
l'ultima parte della toga seruisse per cintura, il qual'modo
di portare i Romani chiamauon'toga Gabinia, laquale fu
fatta rossa, percioche i Consoli Romani portauan'la porpora, si come scriue Plinio nel nono libro della Hystoria natu
rale, & gli dette in mano vna hasta per la cagione disopra det
ta, & in compagnia sua messe duoi Senatori togati, & duoi
soldati armati alla antica con le spade allato, & in mano il pi
lo Romano, & lo scudo. Vltimamente, perche senza danari non si può far'guerra, & perche Iano fu il primo che battesse monete, si come scriue Macrobio nel primo libro de'sa
turnali, l'authore messe con questo carro la Pecunia, laquale egli finse vna femmina vestita di Giallo, di bianco, & di ta,
nè scuro, percioche le monete si fanno tutte di bronzo, d'o
ro, ò d'argento, & gli dette in mano Torsegli, & pile che sono instrumenti da batter'monete, & in capo gli fece vna ac-
cōciatura che ui era su una Ciuetta, pcioche questo alle in gre
cia significaua i danari, conciosiacosa che pamor'degli Athe
niesi

niesi, quasi tutti i Greci stampauon'nelle lor' monete la Ci
uetta, si come scriue Plutarco nella vita di Lysandro, raccon
tando il detto di quel'seruo d'Gylippo, ilquale hauendo ru
bato à Lacedemonij vna gran'quantità di danari, & nasco-
stigli tra'tegoli del tetto, il seruo suo andaua dicédo p Ispar
ta che ne'tegoli del tetto delsuo padrone couauó di molte ci
uette & ósto su il fine del Triópho di Iano. Innanzi alquale
em Hesiodo poeta greco coronato d'Alloro, & vestito a uso
di pastore che portaua lo stendardo, perciochè egli su il pri
mò di quegli che hoggi si ritrouono che scrisse la geneologia degl'Iddei, & quando egli la scrisse, le muse gliela detta-
rono mentre che egli pasceua gli agnegli à piè d'Helicóno
monte di Beotia, si come egli medesimo scriue nel princi
pio della Theogonia, & era lo stendardo che'portaua quadro alla Romana di cinque colori cioè tanè, di color d'acqua
marina, bianco, rosso, & cilestro, ilche su satto, perciochè nó
essendo i principali Iddei de'gétili altro che i quattro elemé
ti considerati diuersamente, ò i corpi celesti come si disse di
sopra, l'authore, per il tanè volle significar'la terra, per il color d'acqua marina il mare, per il biáco l'aria, per il rosso il
suoco, & per il color' Cilestro il cielo, & per questa medesima cagione dipinse nel mezo dello stendardo vn'gran'cerchio di color'cangiáte turchino & rosso, attrauersato da vn'
serpète che haueua il capo dispartiere, di maniera che egli
faceua la figura del ☉ greco grande, pcioche Eusebio nel
primo libro della Preparatione Euangelica, dice che i Phe-
nici volendo significar'l'uniuerso con il Genio che lo conté
neua, lo dimostrauon'có la dipintura disopra detta, & sopra
allo stédardo messe vn'huomo có il capo disparuiere, perciochè si come dice il medesimo scrittore nel luogo allegato
disopra, gli Ethiopi diceuan'nella lor' Theologia che Dio ha
ueua il capo di sparuiere, & innázi allo stédardo erano otto
tróbetti vestiti di veste lúghe di varij colori a uso di dóne, i
quali faceuano con il capo, & có la persona gesti da mattacci
ni, ilche il ritrouator'della mascherata ordinò che si facesse p
accomodarse alla Hystoria del Collegio de'sonatori di Roma

scritta

scritte da Valerio Massimo nel secondo libro de'detti, & fat
ti notabili, & da Plutarcho ne'Problemi Romani, & da Tito
Liuio nel nono libro della prima deca, cioè che essendo stati priui i sonatori di Roma da'Censori di manicar' nel tépio
di Gioue, ilche era stato lor'concesso anticamente, eglino
per lo sdegnio sene andorono a Tiuoli, & nõ essendo in Ro
ma niuno che sonasse quãdo ei si faceuano i sacrifizij agl'Id
dei, il senato mandò à Tiuoli à pregar quel'popolo che s'in-
gegnasse di rimãdar'loro i sonatori, & non potendo i citta-
dini di Tiuoli persuadere a quei musici che ritornassero à
Roma ne inuitorono chi vno, & chi altro à cena, & inubriã
carongli di maniera che eglino si addormentarono, onde
quando ei viddero che dormiuon' profondamente, eglino
gli messero così addormentati in su vn'carro, & gli rimanda
rono à Roma in quella maniera, costoro adunque non si ris
ueglioron'prima che'sussero in Roma in su la piaza, doue
facendosi vn gran'concorso di popolo intorno à quel'carro
in sulquale erano questi musici, il popolo persuase loro che
rimanessero in Roma à sonare quando si sacrificaua, & che
eglino rihauessero i lor'priuilegio di manicare nel tépio di
Gioue, & che ogni anno a'tredici di di Gennaio eglino an-
dassero perRoma in su un'carro vestiti a uso di femmine, fac
cendo varij guochi con la persona come si è detto, per memoria che in quel giorno eglino eran'tornati da Tiuoli a rõ
ma inquella mãiera. Furono oltre à trombetti in questa mã
scherata quattro musiche, la prima delle quali era con il carro di Bacco, l'altra con il triompho di Pan, la terza con il triompho di Venere, & l'ultima con il carro di Demogorgone, ma è da auuertire che nel mandar'suori la mascherata
l'authore tenne ordine contrario à questo che ho tenuto io
nello scriuerla, percioche primieraméte furon'mandati suo
ri i Trombetti, dipoi lo stendardo, & poi innanzi à tutti gli
altri il carro di Iano per la ragion' disopra detta, di maniera
che l'ultimo Triompho à passare fu quel di Demogorgone,
la doue nello scriuer'la mascherata egli è stato il primo à esser'descritto, il che mi è stato necessario di fare, percioche do

Q

natamente di mano in mano quegli che erano piu vicini a
quel principio da cui ei dipendeuano, la doue chi la mandò
fuori, meſſe per il primo, il Triompho di quello Dio che era
inuocato dagli antichi gentili innanzi à tutti gli altr'Iddei et
queſti fu Iano, & dopo lui meſſe di mano in mano quegli,
che eran piu vicini a gli huomini, & piu cognoſciuti da loro
ſi come ſono Bacco, & Cerere, & gli altri Dei della terra, nò
altrimenti che noi procediamo nelle coſe naturali, delle qua
li noi cognoſciamo primieramente gli effetti, che noi veggiamo, & con il cognoſcimento di quegli cerchiamo poi di
ſapere le cagion loro: Ma nell'ordinar le ſcienze, & l'Arti
cominciamo a inſegniar prima le cagion delle coſe, & per
quelle a render ragione degli effetti loro, ſi come fa la natura, la quale nel far le coſe naturali comincia dalle lor cagioni, & di quelle compone gli effetti ſuoi, ſi come noi veggia
mo diuenire quando ſcura il Sole, che noi veggiamo ſola-
mente quello effetto dello ſcurare, & quindi cerchiamo poi
della cagione, laquale è che la Luna p dritta linea ſi mette tra
gli occhi noſtri, & il corpo del Sole: ma la Natura innanzi
che ella faccia lo Ecliſſi del Sole, fa che prima la Luna ſi met
te tra gli occhi noſtri, & il Sole per linea dritta, onde poi ne
ſegue, che egli ſcura.   Ma perche le perſone che furono in
queſta maſcherata furon tanto numero, che malageuolmē-
te da loro ſteſſe ſarebbero potute andare con ordine alcuno ſenza qualche guida, perciò l'authore finſe ſei maſchere,
lequali andaſſero fuor dell'ordinanza dell'altre, & guidaſſe-
ro quelle, che gli eron dentro. Furono adunque quelle che
furon guida dell'altre primieramente Mercurio, & Iride
meſſaggieri degl'Iddei, & di queſti Mercurio era veſtito di
teletta d'oro roſſa tutta ricamata, cò il cappello in capo, che
haueua le ſue aliette, & coſi i talari, & haueua in mano ſola-
mente il Caduceo, accio che egli fuſſe differente da quel
                                          Mercurio

vesti medesimamente d'armi alla antica finte di teletta d'argento, & ricamate d'oro, & gli dette in braccio vno scudo
grande all'antica, nella qual maniera egli è descritto da Hesiodo nel libro intitolato lo scudo d'Hercole, & se bene Her
cole fu messo ancora nel triompho di Gioue, come suo figli
uolo, nódimeno il ritrouator della mascherata lo volle met
tere anche tra le guide dell'ordinanza, per dimostrar'in que
sta maniera, che della maggior'parte di questi Dei ne furon'
piu d'uno, nominati pur del medesimo nome, l'altre due figure, lequali furon'fatte per guida della mascherata, furon'
Cassandra, & Atlante Toscano fondator di Fiesole, & questi l'autore vesti di velluto chermisi ricamato tutto d'oro, &
d'argéto, & gli messe in capo vna acconciatura di teletta d'argento, in su la quale era vna Luna azurra, che era l'antica in
segna de'Fiesolani, & Cassandra fu vestita a vso di Nimplia
d'una veste di raso biáco d'oro, & tutta ricamata, & in capo
gli su messa vn'acconciatura che vi era su vna ghirlada d'allo
ro laquale, come disopra si è detto era il segno degl'antichi
propheti. Ma accioche ésta mascherata sia anchor' meglio
intesa da ogni uno, forse che l'Authore di essa in tra non
molto tempo farà stampare tutte le figure, & tutti i Tri-
omphi, che vi furon'dentro, & che son' descritti in questo discorso, accioche ognuno gli possa vedere.& chi con-

Q ij

considererà bene la vanità & la leggerezza di queste fauole & bugie che gli ãtichi gentili credettero,& le comparerà a i sacri ordini & à santi comandamenti della pietà Christiana, vedra quanto obligo noi habbiamo à Dio ottimo , & grandissimo, che si sia degnato di dimostrarne la uerità, & con quanta riueréza & sollecitudine noi ci dobbiamo ingegniare di osseruare & mantenere quei precetti,& quelle cirimonie che ci sono ordinate dalla nostra uera Religione.

IL FINE.

In Firenze appresso i Giunti
1566.

Con licenza, & Priuilegio.

BARTHOLOMAEI
PANCIATICHI
Epigramma.

IN varias superi mutarunt corpora formas;
  Ira, Venus, Pietas, causa fuere Deis,
Illis nunc similis COSMVS; mutauit & ipse:
  Dissimilis causa est, absuit Ira, Venus.
Ornarunt diui mutatis sydera formis;
Et COSMVS terras, gloria par igitur.

IDEM.

Cedite iam superi, mutastis corpora quondam;
  At vos nunc COSMVS; transtulit inque homines.

IDEM.

Flora tibi semper, primaque ab origine Mauors,
  Adfuit, & Pallas, Mercuriusq; simul.
Sed nunc dum Magni dominatur dextera COSMI;
  Atque sibi diua est Austriaca iuncta nurus;
Hospita tu superum cunctorum facta, triumphos
  Tuta agitas, latis latior ipsa Deis.

DE TRIVMPHIS DEORVM, IN NVPTIIS

Francisci Medicis, & Ioannæ Austriacæ

Vptias lætas Thetydis marinæ
Nereonatæ celebrare cuncti
Iure venerunt superi beati,
    Coniugiumq́;.
Vnus at Phœbus pater ipse vatum,
Atque sylvarum Dea, montiumq́ue,
Non tamen celsi voluere sedem
    Linquere cœli.
Totus at magnus numerus Deorum
Venit huc, Cœlum nitidum relinquens,
Aut procellosum pelagus, vel vmbris
    Tartara plena.
Nec suas sedes placidas grauati
Linquere & secum socios marinos,
Tartari aut Diuos, superosue olympi.
    Ducere multos.
Quo bonas tedas celebrent iugales
Austriæ castæ, & decorent IOANNAE,
Iuncta quæ digno, simul & beato
    Nupta marito.
Quæ, Thetis sicut genuit ferocem,
Quem foret patrem superare longè,
Thessalum fortem, vacuum timore
    Peleo Achillem,
Filium tali similem parenti
Ipsa mox edet, sobolemque dignam
Patribus priscis, atauis paremq́ue,
    Et Genitrici.
Si quidem patres superare nunquam
Inclytos ullus poterit, superba
Gesta, virtutes, celebres triumphos,
    Iustitiamq́ue.
        Laurentij Iacominij Anno ætatis suæ XIII.

NIL·CANDIDIVS

F

www.ingramcontent.com/pod-product-compliance
Lightning Source LLC
Chambersburg PA
CBHW030618270326
41927CB00007B/1221